TEOLOGÍAS DEL MOVIMIENTO DE SANTIDAD

UNA CORRELACIÓN ENTRE ÉTICA Y TEOLOGÍA

OSWALDO FERNÁNDEZ GILES

EDICIONES puma

Teologías del movimiento de santidad
una correlación entre ética y teología
© 2021 *Oswaldo Fernández Giles*

© 2021 Centro de Investigaciones y Publicaciones (CENIP) – Ediciones Puma
Hecho el Depósito Legal en la Biblioteca Nacional del Perú N° 2021-14328
Primera edición impresa, diciembre 2021

Categoría: Religión - Teología

ISBN N° 978-612-5026-06-4 | Edición impresa
ISBN N° 978-612-5026-08-8 | Edición digital

Editado por:
© 2021 Centro de Investigaciones y Publicaciones (CENIP) – Ediciones Puma
Av. 28 de Julio 314, Int. G, Jesús María, Lima
Apartado postal: 11-168, Lima - Perú
Telf.: (511) 423–2772
E-mail: administracion@edicionespuma.org
ventas@edicionespuma.org
Web: www.edicionespuma.org
Ediciones Puma es un programa del Centro de Investigaciones y Publicaciones (CENIP)

Edición: Alejandro Pimentel
Diseño de carátula: Eliezer D. Castillo P.
Diagramación: Hansel J. Huaynate Ventocilla

ISBN N° 978-612-5026-06-4

*En lo esencial, unidad;
en lo no esencial, libertad;
en todo, caridad.*

Contenido

Prólogo

Un nuevo libro, vástago de un amplio y fructífero peregrinaje pastoral y teológico, enriquece la producción académica desde América Latina y el Caribe, la patria grande. Me refiero al libro *Teologías del movimiento de santidad: una correlación entre ética y teología* del profesor Oswaldo Fernández Giles. Conocí al autor en la década del ochenta del siglo pasado, cuando ejercía labor docente y pastoral en el distrito de Morales (Tarapoto-San Martín) en la selva peruana, y lo encontré nuevamente en la capital del Perú cuando dirigía el Departamento de Misiología del Seminario Evangélico de Lima (SEL), centro pionero en ese campo en América Latina, del cual fui alumno y en el que recibí una formación teológica y misional exquisita. Tuve como profesores a Samuel Escobar, Estuardo McIntosh, Tito Paredes, Víctor Arroyo, Kenneth Scott, entre otros destacados pensadores y académicos evangélicos.

Oswaldo Fernández, autor de este valioso libro de teología histórica, destacaba siempre por su agudeza intelectual, su excelente trato con los estudiantes y su labor de mentor a quienes nos iniciábamos en el campo académico desde una reflexión teológica contextual. Descubrí luego que el profesor Fernández estaba conectado con la Iglesia Evangélica de los Peregrinos, una denominación del protestantismo de santificación con sede en el norte del Perú, región en la que tenía —y tiene— una significativa presencia misional. Años después, cuando rastreaba las raíces de mi identidad y militancia evangélica pentecostal, fui tomando conciencia de mi herencia teológica conectada con el protestantismo de santificación y, particularmente, con la vertiente wesleyana y la Reforma Radical. En otras palabras, con las corrientes espirituales que Oswaldo Fernández denomina «teología de los disidentes», una teología de la santificación que brota de la acción continua, transformadora y vivificadora del Espíritu de Vida. Tiene razón entonces el autor cuando precisa que «la teología de la santificación actualiza y aviva la línea de la Reforma Radical haciendo vigente el espíritu de la Reforma».

Acerca del pentecostalismo en sus distintas expresiones se ha escrito —y se sigue escribiendo— mucho en las últimas décadas. Lo mismo podría afirmarse con respecto a la contribución de pensadores metodistas (José Míguez Bonino, Emilio Castro, Mortimer Arias) al desarrollo de una reflexión teológica desde nuestro contexto. Si embargo, casi nada o poco se ha escrito con respecto al protestantismo de santificación o a las teologías del movimiento de santidad. Este lamentable vacío se llena con el libro escrito por Oswaldo Fernández, un libro de lectura indispensable para los evangélicos de trasfondo wesleyano-pentecostal, especialmente, si se considera que el pentecostalismo en todas sus vertientes es hijo directo del movimiento de santidad y nieto del metodismo. En tal sentido, no sólo los herederos directos del movimiento de santidad (Nazarenos, Peregrinos, Iglesia de Dios-Anderson) deberían alegrarse y valorar este esfuerzo, como un don del Espíritu para nuestros días, sino también los metodistas y los diversos pentecostalismos que tendrán a su disposición un importante insumo teológico para rastrear y conocer las raíces de su identidad y herencia espiritual. Esto es particularmente importante si se toma en cuenta lo que el mismo autor destaca sobre las teologías del movimiento de santidad, cuando afirma que esta expresión de la fe protestante evangélica, buscaba retomar un «estilo de vida acorde con el Evangelio y la restauración del ethos de la iglesia primitiva, su apostolicidad y pentecostalidad, con todas sus implicancias éticas». Una herencia teológica-misional que todos los pentecostalismos deberían valorar y no olvidar porque, a partir de ese fundamento, se construye su identidad, espiritualidad y teología particular.

De eso se trata en efecto, como cuando centrándose en el aporte singular del teólogo Daniel Steele, nuestro autor va desmadejando el aporte del protestantismo de santificación para la construcción de un testimonio evangélico más integral en el que, tanto la ética privada como la ética pública o la ética social, caminan unidas y jamás deberían separarse. La historia del movimiento evangélico en América Latina y el Caribe hispano, con sus luces y sombras, da cuenta del enorme vacío que se produjo en el testimonio cristiano, cuando se separó la proclamación pública del evangelio de la dimensión política de la misión cristiana. Existe suficiente evidencia en todos los países de la región de la pobre, nula o incipiente contribución de los evangélicos a la transformación social de nuestros países y, sin exagerar, se puede afirmar que todos los estudios desde diversas disciplinas académicas (historia, sociología, antropología) demuestran que la mayoría de las iglesias evangélicas han estado disociadas del contexto en el que cumplen su misión y que han dedicada casi exclusivamente a la salvación de las "almas" y a la plantación de iglesias.

Libros como el escrito por el profesor Oswaldo Fernández son un insumo necesario, vital, pertinente, no sólo para conocer un ángulo de las convicciones y prácticas evangélicas relacionadas con el evangelio como una verdad pública sino, además, para recordar y nunca olvidar que la buena noticia del reinado de Dios, tiene una dimensión social y política que debe jalonar la presencia pública y el ejercicio ciudadano de los evangélicos. Una presencia y ejercicio que, anclado en el Evangelio como una verdad pública, contribuya significativamente a la construcción de un país de iguales y de una democracia en la que todas las personas sean valoradas como sujetos y como protagonistas activos; es decir, como ciudadanos plenos comprometidos con la defensa de la vida y la dignidad de todas las personas, creyentes y no creyentes, como creación de Dios.

Darío A. López Rodríguez
Villa María del Triunfo, noviembre del 2021

Introducción

El movimiento de santidad, cuyo origen se remonta al siglo
XIX, se menciona frecuentemente como precedente al pentecostalismo.
Sin embargo, pocos son los que le prestan atención a este movimiento.
El presente estudio aborda el desarrollo de lo que se refiere como la
teología del protestantismo de la santificación en lo que respecta a la
relación entre ética y teología, especialmente con la escatología, como
temas fundamentales para la vida y misión de las iglesias de santidad y
un considerable sector de la iglesia evangélica en Latinoamérica.

Este estudio tiene como antecedente el acercamiento con otros
estudios realizados por el autor, desde la historia de las misiones, a
la comprensión del movimiento de santidad norteamericano[1] y su
expansión a Latinoamérica. En esta experiencia se fue identificando la
ausencia de investigaciones, que desde América Latina contribuyeran
al esclarecimiento de la teología del movimiento de santidad, traducido
en misiones e iglesias previas a la pentecostalización a principio del
siglo XX. El resultando de ello ha llegado a ser esta investigación que
se propone establecer el desarrollo histórico de la teología de esta
forma de protestantismo, en especial de dos temas considerados
interrelacionados: la ética y la teología, en especial la escatología.

Este estudio se publica con ocasión del aniversario de la
autodeterminación que lograra la Iglesia de los Peregrinos del Perú
de la administración misionera norteamericano. Durante sesenta
y siete años el movimiento de santidad realizó obras misioneras

---

[1] Nota del editor: En esta obra, el gentilicio «norteamericano» se referirá solamente a
estadounidenses y canadienses, dado que algunos personajes que se citan provienen
del Canadá, si bien la mayoría son de los EE.UU.

inicialmente contextuales; luego, las misiones conservadoras la alejaron de las necesarias respuestas al cambio social. A fines de la década de 1960 e inicios de 1970 fueron años donde se suscitaron importantes evaluaciones del rol de las misiones en lo que venía sucediendo en América Latina. El Congreso Latinoamericano de Evangelización «Acción en Cristo para un continente en crisis» CLADE I, realizado en Bogotá en 1969, convocó a connotados líderes de las iglesias del continente, entre ellos el pastor Francisco Vílchez Paredes, quien reafirmó su visión de una iglesia que responde al contexto, en fidelidad al reino de Dios. La continuidad de la identidad eclesial y teológica vino a ser una tarea que el pastor Vílchez promovió. Esos años fueron tiempos de una considerable crítica a la acción misionera y se propuso una moratoria de misioneros venidos de América del Norte.

Se puede decir que este estudio, de la teología del protestantismo de la santificación, considerando principalmente la correlación entre ética y teología, es el resultado del acercamiento al análisis del proceso histórico de la teología de la santificación que fue reelaborada por el movimiento de santidad de fines del siglo XIX y comienzos del XX, primero en Norteamérica y luego en el quehacer teológico desde la misión en Latinoamérica.

Este estudio considera que la correlación entre ética y teología es fundamental para identificar la manera en que la doctrina de la santidad fue afirmándose en la ética, llegando a ser la propuesta de un estilo de vida personal que implicaba una responsabilidad social. Asimismo, se verifica como dentro de su teología, la doctrina escatológica sustentaba esta ética como una visión de la historia, de compromiso con la plena realización humana y del reino de Dios en la historia.

La relación entre la ética y la escatología se observa en la incidencia en el discurso teológico del movimiento de santidad, tanto de la temática de la experiencia de la santificación y sus repercusiones en la vida personal y social, como de la inquietud por las corrientes teológicas que se oponían a la responsabilidad cristiana por las buenas obras, consideradas en el contexto de esta teología una consecuencia de la experiencia santificadora, pero que eran desvalorizadas por el antinomismo, que las veía como acciones tendientes a un nuevo legalismo.

El presupuesto es que la escatología del movimiento de santidad en el último cuarto del siglo diecinueve y las tres primeras décadas del siglo veinte cambió del posmilenarismo al premilenarismo, coincidiendo con la crisis de la ideología del progreso y que esto condujo a cambios éticos, especialmente en la ética social. Asimismo, se observa la existencia de una ruptura previa con la concepción wesleyana respecto a la fuente de la santificación, en la justificación y la atribución de la fuente de la santificación al bautismo con el Espíritu Santo.

El discurso de la teología de la santificación, especialmente en lo escatológico, ha sobrevivido a pesar de los cambios evidentes hacia una ética individual y social, más ligada legítimamente a sus orígenes posmilenarista que al premilenarismo injertado posteriormente, y que produce la repercusión de estos milenarismos en la teología de la santificación en Latinoamérica. Esto requiere tener en cuenta que se aborde la literatura teológica que fue traducida al español, y que se difundió en este protestantismo, influyendo sobre quienes vinieron a hacer misión en Latinoamérica a inicios del siglo xx. Es preciso considerar que la teología, en este período en América Latina, es mayormente oral por lo que tratamos las influencias sobre esta teología y deducimos desde la literatura teológica convencional y con los datos histórico-eclesiales, lo que identificamos como contradicción en la praxis eclesial respecto al cambio social, entre la respuesta favorable a la acción social y el discurso escatológico premilenarista desesperanzado.

Esto dio lugar al estudio de las causas de esta contradicción. Primeramente, la relación entre el movimiento de santidad y el evangelio social a fines del siglo xix. Luego, en la inserción social de la praxis misionera del movimiento de santidad a principios del siglo xx en algunas regiones de Latinoamérica. El resultado fue que había un factor común: la formación teológica de algunos de los misioneros era posmilenarista, lo que explicaba su compromiso con el cambio social como un avance del reino de Dios. Esta formación se procuró reproducir empleando el *Compendio de teología* de Amós Binney y Daniel Steele, un texto breve basado en los apuntes de Binney y que luego Steele lograra sistematizar. Como coautor, Steele lo revisó y complementó con la escatología posmilenarista. Este *Compendio* fue prontamente traducido en el último cuarto del siglo diecinueve y recomendado para la formación de los pastores latinoamericanos de las iglesias de santidad. Los pastores de la primera generación del movimiento de santidad en América Latina se formaron teológicamente con este *Compendio*.

El *Compendio de teología* se analiza críticamente para identificar específicamente el aporte del teólogo norteamericano Daniel Steele al desarrollo de esta obra. Esto requirió investigar la teología de Steele, especialmente su escatología en la obra *A Substitute for Holiness or Antinomianism Revived*. Steele ha sido reconocido como uno de los teólogos del movimiento de santidad, procede del metodismo y cuya teología nos ha parecido la más pertinente y representativa de las líneas teológicas al interior del movimiento de santidad. Nos hemos limitado en la teología de este autor al tratamiento de los temas éticos y escatológicos, que más han trascendido a las iglesias de santidad por medio del *Compendio de teología*.

Se ha considerado el acercamiento desde la teología histórica, desde la observación del proceso histórico del movimiento y la teología que fue produciendo en la constante relación entre ética y teología. Se abordan otros temas importantes y representativos como el bautismo de niños, el remanente teológico reformado y la pentecostalidad, en cuanto forman parte de la teología del movimiento de santidad. Los estudios histórico-sociales y socio-religiosos, en las ciencias de la religión en torno a la pentecostalización contemporánea, reconocen mayormente las raíces en la pentecostalidad del movimiento de santidad, sin embargo, la teología transferida es un tema poco tratado, mucho menos los cambios en su escatología, que constituyen fenómenos importantes en la comprensión de la pentecostalidad.

Capítulo 1

La teología del protestantismo de la santificación

La teología de la santificación y la heterodoxia

La lectura de la experiencia de la santificación fue el punto de partida para la teología del movimiento, que dio origen al surgimiento de las iglesias de la familia de santidad.[1] Esta teología se gestó en reacción al quiebre de los valores éticos en la sociedad norteamericano de fines del siglo XIX. Inicialmente fue un movimiento eclesial interno en diversas denominaciones, que fue gestando una ética y una teología alternativa, la cual convocaba a volver a una vida cristiana de santidad individual y social.

Desde la perspectiva de su desarrollo como doctrina, se notan al menos dos momentos en la teología de la santificación. Primero, una variación en el énfasis del llamado a la vida santa apoyándose en la teología del amor perfecto cuyo promotor fue Juan Wesley, quien relacionó esta experiencia de la santificación al estado de justificación.[2]

---

[1]   La familia de santidad la conforman La Iglesia de los Peregrinos, la Iglesia del Nazareno, la Iglesia de Dios de Anderson, Indiana; la Alianza Cristiana y Misionera; el Ejército de Salvación. Ver José Míguez Bonino, «Visión del cambio social y sus tareas desde las iglesias cristianas no católicas», en Instituto de fe y secularidad, *Fe cristiana y cambio social en América Latina*, pp. 194, 196-197, (1973), y en *Rostros del protestantismo latinoamericano*, p. 39 (1995); Jean-Pierre Bastian, *Protestantismos y modernidad latinoamericana*, p. 110.

[2]   Juan Wesley, «Jehová justicia nuestra», en *Sermones,* Tomo I, Wesley siguió la enseñanza de la Reforma sobre la justificación, apoyándose en la *Institución* de Calvino dice: «creo que Dios implanta la justicia en todo aquel a quien se la ha imputado; que "Cristo Jesús nos ha sido hecho por Dios… Santificación" lo mismo que justificación, o en otras palabras, que Dios santifica lo mismo que justifica a todos los que creen en

En segundo lugar, el giro hacia una teología pneumática,[3] evidenciando un distanciamiento del sistema wesleyano, con una nueva lectura de la experiencia como una obra del Espíritu Santo.

La teología de la santificación (ts) pasó, de esta manera, a la disidencia, que va a marcar la génesis de unas de las líneas de las teologías de la pentecostalidad. Esta nueva lectura de la experiencia de la santificación se aleja del sistema wesleyano y se ubica en la reasunción de las corrientes heterodoxas del espiritualismo; que sobrevivieron a la Reforma radical, al atribuirle un origen pneumático a la santificación. La ortodoxia wesleyana enseña la relación de la santificación con la justificación. La ruptura con esta perspectiva reformada da lugar al pensamiento teológico que procura explicar la experiencia directa con el Espíritu Santo.[4] Esta espiritualidad presente en el movimiento de santidad se enriqueció con la continuidad de la reacción cuáquera a la liturgia; la práctica de la intercesión efusiva, la búsqueda de la liberación de las tendencias pecaminosas,[5] la aceptación de la equivalencia a «la luz interior»[6] con la autoridad de las Escrituras y la sensibilidad por la condición de los pobres y la defensa de los derechos civiles; [7] el primer cuestionamiento de la esclavitud partió de los cuáqueros.[8]

él. Aquellos a quienes se les imputa la justicia de Cristo, son justificados por el Espíritu de Cristo; son renovados como "el nuevo hombre que es criado conforme a Dios en justicia y santidad de la verdad"», pp. 318-319.

3   Nota del editor: Nos encontramos con otro término de uso muy común en escritos teológicos evangélicos: neumático(a), para referirse al Espíritu Santo. Pero, *neûma, -atos*, en griego clásico significa «asentir con la cabeza». En cambio, *pneûma, -atos*, significa «espíritu, soplo, aliento», y por tanto, más acorde con la transliteración pneumático.

4   Daniel Steele escribe un ensayo titulado: «The Holy Spirit The Conservator of Orthodoxy», en *The Holy Spirit and the Church*, ensayos seleccionados de *The Gospel of the Comforter*, con el que explica las bases histórico-bíblicas y teológicas de su giro hacia el origen pneumático de la santificación.

5   El libro más recomendado para la formación de los pastores en Latinoamérica hasta mediados del siglo xx fue el de la cuáquera Hanna Whitall Smith, *El secreto de la vida cristiana feliz*. Ver Manual de la Iglesia de los Peregrinos, p. 150.

6   Domingo Ricart (ed.), *Antología espiritual*, «…La religión de los "Amigos" se basa en la fe de esa (luz interior) o revelación directa del Espíritu y de la voluntad divina en cada alma que sinceramente la busca» p. 61.

7   Timothy Smith, *La historia de los nazarenos: Los años formativos*, p. 23, 26, 74, 82. C. S. Rees uno de los líderes del ms, pertenecía a la Sociedad de los Amigos. Marcelo Menéndez y Pelayo, *Historia de los heterodoxos españoles* Tomo iv, p. 316.

8   Martín E. Marty, *Peregrinos en su propia tierra*, p 184. Ver Domingo Ricart (ed) op. cit. «…los cuáqueros no pueden participar en empresas de destrucción humana tal como

La heterodoxia de la teología del movimiento de santidad (MS) vino a caracterizar y legitimar la pentecostalidad. Se trata de la ruptura con un pensamiento central de la reforma, esto es: la justificación como motivadora de la santificación. La justificación es el acto divino por el cual Dios declara justo al pecador sobre la base de la perfecta justicia de Jesucristo, reclama una liberación del pecado y de los pecados pasados, presentes y futuros, lo cual se expresa en una vida de la santificación consagrada al servicio de Dios.[9]

La teología de la santificación, de esta manera, se independizó en uno de los puntos centrales del pensamiento reformado, que constituía un tema fundamental en la teología de Juan Wesley. Las motivaciones fueron complejas, en el contexto social en la crisis norteamericana de fines del siglo XIX, el factor de la ética social en la crisis de la ortopraxis[10] wesleyana y reformada, especialmente en relación con lo que ha sido la esclavitud de los negros, que llevó a los cuáqueros del movimiento de santidad a que impusieran su visión evangélica por el abolicionismo y la preocupación eclesial por los libertos.

La teología de los disidentes puede no ser de interés a la historia y a la teología de las líneas magisteriales de la Reforma, sin embargo, son siempre un estímulo al quehacer de la ortodoxia y un llamado de atención a las prácticas y creencias religiosas dominantes y hegemónicas.[11] La teología de la santificación actualiza y aviva la línea de la Reforma radical, haciendo vigente el espíritu de la Reforma.[12]

Al independizarse la santificación de la justificación y someterla al bautismo con el Espíritu Santo, la experiencia abandona su estructura en la convicción de un estado de justificación y se abre a la interpretación de sucesos pneumáticos, a los que atribuye un efecto santificador.

---

la guerra, ni en el espíritu que le engendra o la alienta, ni en movimientos de prejuicio racial o de opresión económica o social» pp. 60-61.

9   Luis Berkhof, *Sumario de doctrina*; pp. 140, 167-177.

10   Nota del editor: el término «ortopraxis» es un calco del inglés *orthopraxy*, el cual no aparece en el DRAE y es prácticamente desconocido fuera del mundo evangélico. Coincidentemente, el término *orthopraxy* hace su aparición formal como neologismo de la lengua inglesa en uno de los periodos de tiempo que el autor investiga en esta obra, es decir, en la década de 1840.

11   Marcelino Menéndez y Pelayo, *Historia de los heterodoxos españoles* Tomo I, pp. 12 y 14. Jean-Pierre Bastian, *Los disidentes*, p. 16.

12   José Comblin, *Tiempo de acción*, p. 257; George H. Williams, *La Reforma radical*, p. 8.

La revisión pneumatológica en la gestación de la teología de la santificación

La santificación pasó de una santificación trinitaria, del accionar del Espíritu Santo a una experiencia independiente señalada y vivida en lo que se llega a considerar una edad del Espíritu Santo.[13] La teología de la santificación comenzó como un llamado a un estilo de vida acorde con el Evangelio y la restauración del *ethos* de la iglesia primitiva, su apostolicidad y su pentecostalidad con todas sus implicaciones éticas. Posteriormente esta preocupación por una vida cuyo carácter cristiano, acompañado de buenas obras, reflejaran una profunda espiritualidad y el amor perfecto, fue reemplazada por el énfasis en la necesidad de afirmar y testificar el origen pneumático de la experiencia santificadora. La experiencia pneumática siguió estructurándose con la aparición de carismas.

La preocupación por las obras, como una consecuencia de la justificación por la fe, es en el wesleyanismo una constante, por su herencia reformada. Por ello, el antinomismo era visto como una amenaza a la vivencia de la santidad y el consecuente abandono de las buenas obras, que avanzaba en la medida que la visión del mundo también cambiaba a una visión más pesimista del progreso del ser humano y la historia.

Teólogos como Daniel Steele (1824-1914) observaron esta desviación, pero a la vez notaban que la iglesia estaba entrando en una nueva era, con sucesos que mayormente alcanzaban a ser explicados como obra del Espíritu Santo. Steele trató de mantener una teología de la santificación individual y social, pero acentuando las señales del reino. Sin embargo, la atribución de la santificación al bautismo en el Espíritu Santo modificó la doctrina ortodoxa de considerar a la santificación como consecuencia de la justificación. La ética del reino pasó de ser concebida como santidad individual, fruto individual del

---

[13] José Míguez Bonino ha mostrado la manera en que el criterio hermenéutico trinitario, que tiene como objeto más que la doctrina al Dios trino, constituye un principio diacrítico que nos permite distinguir, discernir, corregir. Este principio comenzó a ser abandonado por el movimiento de santidad en el camino hacia la pentecostalidad. Ver José Míguez Bonino, *Rostros del protestantismo latinoamericano*, p. 110.

Espíritu, que separa del mundo; Steele insistió en la responsabilidad frente a los valores del reino, considerando la experiencia como el inicio de una búsqueda de la justicia, paz y la alegría en el Espíritu Santo.[14]

Antes de Steele, John W. Fletcher (1728-1785), había relacionado la santificación con el bautismo del Espíritu Santo. El sistema teológico de Fletcher se basa en una triple visión dispensacional de la historia de la salvación. Esta visión de la historia había sido enseñada por Joaquín de Fiore (1135-1202), quien había definido tres *status* en la historia:[15] la primera, la revelación del Padre a los gentiles y judíos; la segunda, la revelación del Hijo, precedido del ministerio de Juan el Bautista y, finalmente, la revelación del Espíritu Santo, que es «el evangelio perfecto de Cristo». En esta última dispensación, el Espíritu Santo conduce a la madurez plena, santifica y su presencia sujeta a los creyentes a vivir el Evangelio. Para Fletcher una nueva dispensación es una nueva etapa en el conocimiento de Dios. John Fletcher estaba convencido de que, cada dispensación es una recapitulación o un microcosmo del plan que Dios está realizando en toda la historia.[16] La idea de estar en una nueva dispensación es coincidente con la creencia cuáquera, de estar inaugurando una nueva era, la «era del Espíritu Santo».[17]

La anomalía aparente en el sistema teológico, ante la insuficiencia de la explicación reformada para el estado y experiencia de la santificación, es conducida por Fletcher; como sostiene John A. Knight, haciendo de teólogo mediador, hacia un camino intermedio entre el extremismo teológico perfeccionista y la santificación de las Escrituras.[18] El desafío que se instala en la teología consistiría en poder explicar los sucesos pneumáticos y el fenómeno de la sobre posición de estos a la totalidad

---

14 Más adelante notaremos cómo Steele aboga por una ética coincidente con la ética del reino, pero trasferida al desarrollo de la ética del premilenarismo histórico.

15 Daniel A. Bruno, «El teorema de la historia. La historia-esperanza de Joaquín de Fiore después de Fukuyama». En *Cuadernos de Teología*. vol. xiv, n° 1, 1995, p. 31. Ver también: Daniel A. Bruno, *Eistopía: Dios e historia en el pensamiento de Joaquín de Fiore*. Buenos Aires: isedet, 1982.

16 John A. Knight, *The Holiness Pilgrimage*, pp. 66-68; Paul M. Bassett y W.M. Greathouse, *Explorando la santidad cristiana*, Tomo 2, p. 243.

17 Wilton M. Nelson «Sociedad de los amigos» en W. M. Nelson, *Diccionario de historia de la iglesia*, pp. 45-46.

18 John A. Knight, *The Holiness Pilgrimage*. p. 64.

de la santificación cristiana. La relación entre santificación y el consecuente estilo de vida acorde al avance del reino de Dios comenzó a ser postergada. Teólogos como Steele ven inicialmente la experiencia santificadora como más ligada al «amor perfecto» que se expresa en el carácter y la sensibilidad social, como los sectores cuáqueros y calvinistas del movimiento de santidad, que abogan por las señales del reino a partir de la plenitud del Espíritu Santo. Uno de sus exponentes, J.O. McClurkan, presbiteriano de la corriente de Cumberland, sigue más de cerca esta relación entre experiencia pneumática y la misión en la perspectiva del reino.[19]

La santificación del bautismo con el Espíritu Santo, como experiencia pneumática santificadora, en un principio, y luego la experiencia carismática, vino a suplantar la idea de la vida de santidad como una experiencia cotidiana dependiente de la gracia del perdón, es decir que «la santificación es tanto una realidad como lo es la justificación».[20]

La reacción a la modernidad, desde la subjetividad, en la teología del movimiento de santidad

La gestación y consolidación de la teología de la santificación es contemporánea al impacto que tuvo la teología de la «experiencia religiosa» de Friedrich Schleiermacher (1768-1834), en el último cuarto de siglo xix, en la teología inglesa.[21] Schleiermacher se muestra crítico al humanismo reduccionista de la modernidad y considera que la fe está estrechamente vinculada al sentimiento, es decir a la interioridad.[22] Asimismo, se desarrolla paralela a la filosofía y utopía del trascendentalismo, que tuvo repercusión entre un sector evangélico.[23]

---

[19] James O. McClurkan, *Santificados por completo*, pp. 83-87. «La reputación, la familia, la propiedad y la vida, todo está puesto a disposición del Señor», pp. 85, 111-120.

[20] H. Orton Wiley, *Christian Theology*, Vol. ii, p. 387

[21] Alan Richardson, *La Biblia en la edad de la ciencia*, p. 68.

[22] J. H. Van Den Berg, *Psicología y fe*, p. 24. Ver Luis H. Dreher, «La persistencia de la religión: Schleiermacher y nosotros», en Guillermo Hansen (ed.), *Schleiermacher: Reseñas desde América Latina*, p. 136.

[23] Timothy Smith, *Revivalism and Social Reform*, pp. 143, 183. Ver Merle Curti, *El desarrollo del pensamiento norteamericano*, pp. 272-273. El trascendentalismo fue espiritual y práctico, más que metafísico. Se comenzaron a reunir en Boston en 1836 y difundieron sus ideas a través de la publicación *The Deal*. Eran demócratas, naturalistas y se oponían a la cultura puramente libresca y a la idea de que el industrialismo es

El trascendentalismo cristiano de implicaciones sociales pretendía liberar de la mentalidad de la explotación y la desigualdad humana, de la sumisión al confort y al materialismo.[24] Esto hizo de esta una época, entre el último cuarto del siglo xix y el primer cuarto del siglo xx, una época especial en el resurgimiento de las espiritualidades y en el cambio de una visión optimista a una visión pesimista del futuro de la humanidad, acentuada por la primera guerra mundial y sus consecuencias.

La interpretación de la historia y por consiguiente la lectura teológica de la historia, en el movimiento de santidad y su pentecostalidad, introduce la preocupación escatológica. El giro del posmilenarismo al premilenarismo produjo un cambio de prioridades, del énfasis en la ética al de la escatología. La práctica de la santidad comenzó a ser vista, inicialmente, como que trascendía el tener una posición respecto a estos milenarismos.[25] La ética individual y social quedó sujeta así a la subjetividad guiada por experiencia de santidad y no a una visión evangélica del reino que irrumpe en la historia. Aquí es donde se encuentra uno de los puntos de partida de Steele para relacionar la ética con la escatología.

La espiritualización de la santificación y la subsiguiente pentecostalidad, crece un tanto al margen del debate teológico sobre los fundamentos de la fe y de la ortodoxia frente al modernismo teológico, pero va a encontrase en un escenario de posmilenarismo que ve un avance el progreso humano y la teoría de la evolución propuesta por Charles Darwin (1809-1882) en 1865. El premilenarismo vino a ser una visión de la historia opuesta a la realidad y necesidad del progreso humano. La enseñanza del Evangelio es la evolución y expansión del reino, que muestra su fuerza y poder a todo el planeta con la constante presencia de Jesús y la obra del Espíritu Santo, dando lugar a la conversión y santificación del mundo.[26] La eclesialidad de la que procedía este movimiento y su teología era fundamentalmente posmilenarista. La ideología del reino intentó, curiosamente, catalizar

---

democrático y deseable. Glorifican lo primitivo, son críticos de la economía infinita como objeto de admiración.

[24] Merle Curti, op. cit., p. 273.

[25] Timothy Smith, *La historia de los nazarenos*, p. 226.

[26] Timothy Smith, *Revivalism and Social Reform*, pp. 235-236.

la filosofía y la sociología darwinista para contrarrestar el pesimismo premilenarista respecto a la reforma social.

Las ideas del milenarismo de fines del siglo XIX emergen dentro de la instalación de cierta subjetividad y cargadas de optimismo. Es así que llegó a interpretar «que los sueños de los viejos y la visión de la gente joven»[27] se harían realidad en lo que sería el retroceso de la maldad, el establecimiento de un nuevo orden y una conducta de la sociedad, correspondiente al reino de Dios. La preocupación de D. Steele y de otros procedentes de la «escuela de la justificación»,[28] era ¿cómo mantener a los premilenaristas preocupados por la relación entre santidad y ética del reino? Al fin y al cabo, el movimiento de santidad necesitaba una ética social que no podía ser sino coincidente con la ética del posmilenarismo. La escatología premilenarista no consiguió alejar al movimiento de santidad de la preocupación social, hasta la década de 1930, bajo la influencia y en alianza con el fundamentalismo.

La teología de la santificación y la correlación ético-escatológica: una lectura de la teología de Daniel Steele

Daniel Steele y su teología de la ética como plenitud espiritual

Daniel Steele, en su calidad de pastor y académico atento a las corrientes de pensamiento de su época, contribuyó a la innovación teológica y a una lectura de las exigencias contemporáneas a la iglesia y su misión. En ello, su reflexión ética y lo apasionado de su teología lo condujo a ver la relación de la ética con la espiritualidad, y desde su visión de la historia la relación con la escatología. Una síntesis importante de parte de su teología es la convicción que «la plenitud del Espíritu no es éxtasis, sino ética».[29]

---

[27] Hechos 2.17.

[28] James O. McClurkan, *Santificados por completo*, p. 138.

[29] William M. Greathouse, «Desde Wesley hasta el movimiento de santidad americano», en *Explorando la santidad*, Tomo 2, p. 319, de *The Gospel of the Comforter*.

Los escritos de Daniel Steele (1824-1914), se ubican en el debate en torno a las consecuencias del premilenarismo de Darby respecto a la vida de santidad y en el contexto del surgimiento de un avivamiento metodista con énfasis en la perfección cristiana. En 1896, publica en Nueva York su *Defense of Christian Perfection* en medio del debate en torno a si la santificación es instantánea o progresiva. El año anterior James Mudge había publicado: «*Growth in Holiness Toward Perfection or Progressive Santification*», afirmando que J. Wesley no relaciona la santificación con el bautismo en el Espíritu Santo. De esta manera, queda instalado el conflicto entre la enseñanza ortodoxa de la santificación progresiva y la heterodoxa de la santificación como acto instantáneo que da inicio a la perfección; esta se radicalizó luego en la aparición de la experiencia del bautismo con el Espíritu Santo como experiencia de la santificación plena.

Daniel Steele fue un pastor y teólogo norteamericano, afiliado a la Iglesia Metodista Episcopal. Nació en Windham, Nueva York, el 5 de octubre de 1824. Estudió en la Universidad Wesleyana de aquella ciudad y fue tutor en la misma después de graduarse como Bachiller en Artes. La mayor parte de su ministerio pastoral la realizó entre los estados de Massachusetts y Nueva York, entre 1851 y 1862.[30]

A partir de 1863, inició una fase en la que combina la educación teológica con el pastorado. Hasta 1871 fue profesor de lenguas antiguas y presidente del Genesse College, en Lima, Nueva York.[31] Su vocación de promotor de entidades educativas lo conduce a la vicepresidencia de la Universidad de Syracuse, en la que desempeña la tarea de canciller y de profesor de Filosofía Moral y Mental. Sin embargo, permanece en aquella universidad menos de dos años (1871-1872). Su relación eclesial y pastoral lo atrae hacia la vivencia de los cambios que las iglesias norteamericanas estaban experimentando. Escribe y publica *Commentary on Joshua* (1873); revisa y mejora la obra de su suegro Amos Binney, editada en 1839 y reeditada en 1856, el *Binney's Theological Compend Improved* (1874). En aquel

---

30 Samuel M. Jackson, «Steele, Daniel», en *The New Schaff-Herzog Encyclopedia of Religious Knowledge*, Tomo xi.

31 Mary M. O'Brien, Sobre Daniel Steele, Información electrónica del Syracuse University Archives and Records Management. 18-01-2002.

año escribe también su ensayo *The Three Dispensations*.[32] Este escrito marca su relación con la propuesta de John Fletcher: la triple visión dispensacional de la historia de la salvación tomada de Fiore y su definición de los tres *status* en la historia de la revelación del Padre, del Hijo y del Espíritu Santo. Las dispensaciones comenzaron a ser vistas como etapas del crecimiento espiritual,[33] lo cual movilizó las espiritualidades, especialmente cuáqueras. Esto significó un alejamiento del wesleyanismo ortodoxo o clásico. Este ensayo lo incluirá en *Love Enthroned* (1876).[34]

Por el año 1875 se inicia una fase de profundización en el tema de la relación entre la doctrina de la santificación, la reflexión ética y la experiencia purificadora en relación con el mundo y la historia. En 1876 publica «*Mile-stone Papers*», en Nueva York, obra que dos años después se edita en Londres. Su preocupación es la relación entre la justificación y la santificación, la santificación y la ética. Steele comienza a explicar su experiencia espiritual como una experiencia pentecostal, dentro de la dispensación del Espíritu Santo.[35] Esta es la fase en que también Steele (1876), como profesor en el Faith Training College,[36] se encuentra relacionado con el tema de las curaciones por fe. Esto le demandó diversas opiniones sobre lo que se denominó el «malestar físico». En esta fase escribe también *Love Enthroned: Essays on Evangelical Perfection*» (1876).

La importancia del aporte teológico de Steele en la revisión y mejoramiento de la escatología y aspectos de la ética del *Compendio de teología* de Binney, se deja notar en la Iglesia Metodista Episcopal y su preocupación misionera. En 1874 se realiza la traducción al español del *Compendio de teología*, y se publica en México en 1877.[37]

---

[32] Este fue incluido en *Love Enthroned* y luego como apéndice en Edward Davies, *The Gift of the Holy Ghost: The Believer's Privilege*. S/lugar: Reading Mass.

[33] Donald Dayton, Raíces del Protestantismo, p. 32.

[34] D. Steele, *Love Enthroned*, pp. 141-169.

[35] Daniel Steele, 1875 *Mile-stone Papers: Doctrinal, Ethical and Experimental on Christian Progress*. Londres: S.W. Portridge & Co. 1878. p. 220.

[36] Donald Dayton, *Raíces teológicas del pentecostalismo*, p. 85.

[37] Amos Binney y Daniel Steele. *Compendio de teología*. 1ª edición en español. Traducida por Cornelio A. Miller, México: Editada por la Imprenta Metodista Episcopal: Calle de Gante, número 5. 1877.

En 1878 entra nuevamente en una fase pastoral y de reasunción de su quehacer en las lenguas bíblicas y en la teología, entre tanto que pastorea la Iglesia de San Pablo en Lynn, Massachusetts. Unos años más tarde, entre 1884 y 1891 consolida su vocación de pastor y maestro enseñando griego del Nuevo Testamento y Teología Sistemática en la Escuela de Teología de la Universidad de Boston.[38] En 1891 publica el *Commentary on Leviticus and Numbers.*

Esta es la época en la que la teología metodista clásica entra en debate con los jóvenes teólogos de la nueva teología metodista. Borden Parker Bowne y James Mudge enseñaban en Boston, este último, como lo mencionamos anteriormente, había publicado un libro titulado *Crecimiento en santidad hacia la perfección, o santificación progresiva,*[39] en el cual afirmaba la doctrina tradicional de que los creyentes eran santificados después de ser justificados. Asimismo, reconocía su divergencia en cuanto al punto de vista de Wesley respecto a una experiencia instantánea,[40] denunciando la heterodoxia de la corriente de la «segunda bendición» dentro del movimiento de santidad.[41]

Retirado del pastorado y la docencia, Steele escribe: *Half hour with St. Paul,* 1895; *Defense of Christian Perfection,* 1896; *Gospel of the Comforter,* en Boston, 1897; *Jesus Exultant, or Christ No Pessimist and other Essays,* en Boston, 1899; *A Substitute for Holiness, or Antinomianism Revived,* en Boston, 1899; *Half Hour With St. John's Epistles,* 1901; reediciones del *Compendio de teología* en New York, 1902, y en México 1909, en español; desde 1902, los derechos de autor pertenecen a Steele. En el segundo capítulo estudiaremos la propuesta teológica del *Compendio* y su rol en la teología del movimiento de santidad en su expansión misionera hasta mediados del siglo xx; la última obra publicada por Steele fue *Steele's Answers,* en Chicago, en 1912.

---

38 Samuel Macauley Jackson (ed), «Steele, Daniel», en *New Schaff-Herzog Encyclopedia of Religious Knowledge.* Vol. xi.

39 Timothy Smith, *La historia de los nazarenos,* p. 51; «Growth in Holiness Toward Perfection, or Progressive Sanctification».

40 Charles Munger, en el apéndice del libro de Steele *Antinomianism Revived,* plantea la interrogante ¿era Wesley premilenarista? El autor recurre a un trabajo comparativo de A. B. Simpson que demuestra la posición de Wesley y del metodismo.

41 *Ibid.,* pp. 51-52.

El rechazo del antinomismo por ser retroceso para el avance de la ética del reino

La reacción al antinomismo constituye parte de la herencia[42] del substrato, que puede explicarnos la recuperación de una ética social en la pentecostalidad, previa a la pentecostalización en la segunda década del siglo xx. Esto es ir más allá de una simple respuesta al contexto. La experiencia pneumática moderna como fuente de la vida de santidad, se encontró con demandas morales ineludibles. La heterodoxia podía sobrellevarse como ruptura de la relación de la santificación con la justificación, pero no podía negarse la necesidad de un estilo de vida diferente. La experiencia interior no era suficiente, se necesitaba una trasparencia de los frutos del Espíritu que lograsen superar lo legal sin negarlo y el compromiso con las señales del reino de Dios.[43] Si el objetivo evidente de la justificación es conducir a una vida de santidad, entonces la fe en la expiación cumple un rol motivador y consecuente en la ética.[44]

La ruptura teológica respecto a la justificación progresiva y la justificación instantánea, punto central del wesleyanismo, y la exposición a las nuevas corrientes obligaron a Steele a salir en defensa de la santificación, al margen de la fuente de esta experiencia. La cuestión de si la santificación ligada a la justificación o al bautismo con el Espíritu Santo quedó relegada ante la amenaza del antinomismo.

La controversia sobre el antinomismo discute la obligatoriedad de la ley moral para los cristianos, en relación con la conducta,[45] que reaparece en lo que Reinhold Seeberg, desde la teología histórica, denomina la época dialéctica del protestantismo, posterior a la muerte

---

[42] Juan Wesley, *Sermones: «Jehová justicia nuestra»*: «si continúan siendo injustos de nada les aprovechará la justicia de Cristo… la justicia de Cristo se nos imputa para que la justicia de la ley se cumpla en nosotros, y para que vivamos en este siglo, templada, justa y píamente». Se oponen a esto los antinominianos, p. 321.

[43] Juan Wesley, *op. cit.*, «El camino del reino», pp. 102-116: La santidad cristiana es el cumplimiento de la ley, haciendo el bien a todo género humano, a partir de los valores del reino: de la justicia, de la paz como bienestar y alegría en el Espíritu. Romanos 14.17; Gálatas 5.22-23.

[44] Eldon, R. Fuhrman, «Antinomismo», en Richard S. Taylor (ed), *Diccionario teológico Beacon*, pp. 53-54.

[45] *Ibid.*

de Lutero y a la vigencia teológica de Melanchthon. Este último creía que las obras buenas son necesarias en la justificación.[46] Seeberg explica que estas ideas tienen como único propósito establecer el vínculo profundo entre la fe y una nueva vida.[47] Melanchthon, dice Seeberg:

> ...quería limitarse a la afirmación: «la nueva obediencia es necesaria» y advertía que la cláusula determinante «para la salvación» debía reservarse a la fe para excluir la posibilidad de que se la interpretara como una afirmación de la idea de mérito.[48]

La oposición a estas ideas comenzó a afirmar que «la renovación como obra del Espíritu Santo al igual que la santificación es luego seguida por buenas obras»,[49] independiente de la justificación. Melanchthon, siguiendo su teoría de la necesidad de la ética de las buenas obras, había querido precisamente corregir la idea de la separación de la justificación y la regeneración. Consideró que era necesario reconocer la necesidad de la nueva obediencia que procede de los impulsos internos del corazón nuevo. El antinomismo se oponía a esta relación afirmando que «la nueva obediencia no corresponde con el reino de Dios, sino con el mundo... debemos pedir a Dios que nos conceda permanecer fieles a la fe sin obras hasta el fin de nuestras vidas».[50]

Tanto Wesley como Fletcher discutieron el tema del antinomismo.[51] Convencidos de la posibilidad de la perfección humana, les parecía contradictorio abandonar las buenas obras una vez justificado y, por el contrario, sostenía que se debería abundar en ellas.

El teólogo anglicano James I. Packer, se ha ocupado del antinomismo, identificando algunos antinomismos en la historia de la teología: el dualista, de los gnósticos, que considera que la salvación es solo para el alma y que el comportamiento del cuerpo es irrelevante; el centrado en el Espíritu, durante la post-Reforma, que confía en la acción del Espíritu en la vida y niega la necesidad de que la ley enseñe

---

46 Reinhold Seeberg, *Manual de historia de las doctrinas,* Tomo ii, pp. 355 -356.
47 *Ibid.,* p. 355.
48 *Ibid.,* p. 355.
49 *Ibid.,* p. 373.
50 *Ibid.,* p. 356.
51 Juan Wesley, *Obras.* Tomo xiii, Cartas, Tomo i, p. 191; D. Steele, *Antinomianism Revived,* p. 49.

cómo vivir; el centrado en Cristo, que arguye que Cristo cumplió la ley, Dios ve al creyente por medio de Cristo y lo que se haga no altera en nada la situación; el dispensacionalista, que enseña que el cumplimiento de la ley moral no es necesario para los cristianos, puesto que vivimos en la dispensación de la gracia y no de la ley; el dialéctico, de la neo-ortodoxia, que considera que la ley bíblica no es un mandato directo de Dios y que los imperativos de la Biblia generan la Palabra del Espíritu, la cual puede o no corresponder con lo que está escrito; el situacionista, que sostiene que todo cuanto Dios exige de los cristianos es una motivación y una intención de amor, la ética de las Escrituras sirve para aplicar este amor, el cual a su vez puede dejar de hacerlo.[52]

En su argumentación, *A Substitute for Holiness or Antinomianism Revived,* publicada por primera vez en 1877, Daniel Steele, con la aclaración en el subtítulo de ser una revisión y refutación de la teología de los llamados Hermanos de Plymouth, nos introduce primeramente en la definición e historia del antinomismo. Luego ofrece una descripción del movimiento de los Hermanos de Plymouth. Uno de sus principales fundadores, John Nelson Darby, refuta las ideas de Melanchthon, cuyos giros considera que se alejan de la enseñanza reformada de Lutero y Calvino.[53] Steele realiza una exposición del antinomismo en relación con la fe, con el sentimiento, con el pecado y la ley, la expiación y la vida eterna, que termina con una clarificación respecto al antiguo y al moderno antinomismo de los Hermanos de Plymouth.

La esencia del antinomismo de Darby consitía en defender la ruptura con la doctrina católica de la justificación, afirmando el rechazo de cualquier cosa que justifique o establezca méritos en el hombre y que lo conduzcan a ser un hijo de Dios; además, afirma que «él nos amó a nosotros primero, lo cual se reconoce en el valor de la muerte de Cristo recibido por fe».[54] Después encara el tema de la relación entre la exigencia de justicia tanto como de santidad.[55] A partir de aquí es donde comienza a observar la relación de la ética con la escatología. Observa que el pesimismo respecto al progreso de la corrupción y la

---

[52] James I. Packer, *Teología concisa*, p. 186, 188.
[53] J.N. Darby, *The Collected Writings*. Doctrinal N° 1, pp. 28-29.
[54] *Ibid.*, pp. 33-34.
[55] D. Steele, *Antinomianism Revived*, p. 148.

falta de esperanza en la visión escatológica no motiva a una vida de santidad,[56] y al crecimiento del reino de Dios como levadura y como grano de mostaza. Critica la ética antinomista que separa a la persona de sus obras, en lo que concierne al juicio de Dios.

En la segunda edición de 1879, Steele añadió un capítulo sobre la conferencia profética, realizada en New York en 1878 a propósito de la escatología de los Hermanos de Plymouth y del literalismo con el que interpretaban las Escrituras. En esta edición presenta las dificultades del milenarismo de los Hermanos y la relación entre la iglesia y el reino. Asimismo, admitió finalmente una sección de ensayos como apéndice sobre la venida de Cristo y el antinomismo, en uno de los cuales, Charles Munger plantea la pregunta: ¿Era Wesley premilenarista? El autor recurre a un trabajo comparativo de A.B. Simpson, que demuestra que la postura de Wesley y del metodismo es posmilenarista.[57]

Del posmilenarismo al premilenarismo en la escatología norteamericana de fines del siglo XIX

Los teólogos del movimiento de santidad, que procedían de tradiciones escatológicas posmilenaristas y amilenaristas, dentro del metodismo y el presbiterianismo, experimentaron serias dificultades para adecuarse primero a la corriente premilenarista histórica y después al premilenarismo dispensacional, que invadió al movimiento, junto con la corriente de las conferencias proféticas. El tema del milenio y el escatologismo que se tradujo en un interés por la profecía, se instaló en la teología de la santificación y posteriormente en la pentecostalización.

El milenarismo es la creencia que el fin del mundo está cerca y se espera que aparezca un mundo nuevo donde se frene el mal, prevalezca la justicia y se viva en paz y prosperidad, dentro de un ecosistema equilibrado. El milenio cristiano, apocalíptico, tradicional, es una visión de poder político y religioso que aparece en toda la historia posterior al ministerio apostólico.[58] Mayormente es la enseñanza de una época futura que durará mil años y acabará en una batalla definitiva

---

[56] *Ibid.*, p. 169.
[57] *Ibid.*, pp. 271-281.
[58] Sobre este tema, ver el estudio de D.H. Kromminga, *The Millenium in the Church*.

y juicio final. Cristo volverá y reinará durante aquel milenio, hacia lo cual apuntan las pautas éticas de sus enseñanzas para el presente, pero teniendo en perspectiva a aquel mundo con el que Cristo reemplazará a este corrupto y agonizante.[59]

En la segunda mitad del siglo xix hubo por lo menos tres visiones escatológicas que influyeron en Norteamérica las interpretaciones del mundo. La primera fue el amilenarismo, que consideraba que los tiempos finales ya se habían iniciado; según este punto de vista el reino de Dios ya está presente en el mundo, aunque se espera un reino futuro sobre una nueva tierra, lo que O. Cullmann ha explicado como el reino vigente de Cristo ya entre nosotros y el reino después de la segunda venida.[60]

La segunda visión del futuro fue el posmilenarismo, que veía una era de prosperidad espiritual antes de la segunda venida de Cristo y, por consiguiente, ubicaba este regreso después del milenio. La era presente se encontrará en el milenio a medida que haya más convertidos por la predicación y la consiguiente influencia en el cambio social y avance del reino de Dios, el mal y el pecado serían derrotados y la sociedad, como creación, sería restaurada dentro de la historia. Como lo explica Marsden: «el posmilenarismo fue típicamente optimista respecto al progreso espiritual de la cultura».[61] Donald Dayton, que ubica a Daniel Steele dentro de esta visión posmilenarista, considera que el posmilenarismo puede ser visto como el «correlato social de la doctrina de la santidad total».[62]

La tercera fue el premilenarismo histórico, que esperaba el reino de Cristo sobre la tierra por mil años, a partir de su regreso y previo al estado final. Se le denomina «histórico» porque ha sido la interpretación frecuente de Apocalipsis 20.4-6 en diversos momentos de la historia de la iglesia.[63] El énfasis desde esta época, está en que

---

59 Stephen J. Gould, *Milenio*, p. 33.

60 O. Cullmann, *La historia de la salvación*, pp. 193-194.

61 George M. Marsden, *Fundamentalism and American Culture*, p. 49.

62 D. Dayton, *Raíces teológicas del pentecostalismo*, p. 118.

63 D.H. Krominga, ha mostrado que el premilenarismo histórico es un premilenarismo moderado que eventualmente llegó a ser una teoría provisional, que asciende y decae, entre algunos padres de la iglesia. Agustín de Hipona lo aceptó al principio, pero luego atacó su inconsistencia, su escatología hizo que el quiliasmo quedara postergado por varios siglos. Resurgió entre los anabaptistas en tiempos de la Reforma

el pueblo redimido estará compuesto tanto por judíos como gentiles, especialmente por judíos. Se considerará que el mal haya sido detenido y la justicia prevalecerá sobre la tierra. Este será el período de justicia social, realización política y prosperidad económica, lo cual conducirá a una gran paz y equilibrio ecológico.

Esta visión premilenaria experimentó un cambio, que contribuyó a forjar una heterodoxia escatológica. Primero, fue el cambio de la relación justificación-santificación a la relación Espíritu Santo-santificación, y luego vino la aceptación de una hermenéutica dispensacional que presentaba nuevamente una sinopsis de la teología bíblica.[64] El sistema fue desarrollado por el angloirlandés John Nelson Darby (1800-1888). Antes que él, el milenarista escocés, Edward Irving (1792-1834), había editado en 1827 una traducción al inglés de la obra del jesuita chileno, Manuel Lacunza (1731-1801), titulada: *La venida del Mesías en gloria y majestad*.[65] Irving era de firme convicción premilenarista en lo que respecta al inminente regreso de Cristo, lo que lo llevó a esperar un derramamiento del Espíritu Santo como única manera de repeler la impiedad que observaba en su época. En esto es precursor de la relación entre el pesimismo premilenarista y la pentecostalización.[66] El interés por Lacunza, como una escatología gestada en contacto con el Nuevo Mundo y el coloniaje español, fue significativo tanto en Inglaterra como en la América hispana.[67] Lacunza sostenía que la venida de Cristo sería a la tierra, para juzgar y reinar. El milenio que viene será un reino terrestre del mismo Cristo. Pesimista sobre la idea de un crecimiento moral, se enfrenta a la Ilustración y al deísmo e incluso se manifiesta

---

y posteriormente entre los adventistas y luego entre los pentecostales, pp. 114-124. Ver también Geoge L. Murray, *La segunda venida de nuestro Señor Jesucristo*, pp. 215-221.

64 Elmore Floyd, «Darby, John Nelson». En Mal Couch, (ed.) *Diccionario de teología premilenarista*, pp. 122-126.

65 Mario Góngora en el prefacio a la edición de Manuel Lacunza, *La venida del Mesías en gloria y majestad*, del volumen N° 4 de la colección Escritores coloniales de Chile, de la Editorial universitaria, p. 13.

66 Alderi S. De Matos, «Edward Irving: Precursor do Movimento Carismático na Igreja Reformada» en *Fides Reformata* 2/1 (1996) pp. 9 y 12.

67 Fernando Chaij, «Lacunza, Manuel de (1731-1801)» en Wilton M. Nelson, *Diccionario de historia de la iglesia* p. 644. La obra que fue terminada en 1790, pero que no fue publicada por falta de autorización eclesiástica, fue impresa por Manuel Belgrano en 1815, en el marco de la abolición temporal de la inquisición y el espíritu del libre pensamiento, al que se adhería Belgrano.

pesimista respecto al ecosistema.[68] Hay en Lacunza, como comenta Mario Góngora en las notas a la obra, un utopista «cósmico» con su idea de la malignidad en las cuatro estaciones que será reemplazadas en el milenio.[69] Lacunza es también literalista, considera «historia auténtica» las cantidades y edades de la época patriarcal.[70] A partir de estas ideas nos dice:

> Con que los nuevos cielos y nueva tierra, o del mundo nuevo que esperamos después del presente, debe ser sin comparación mejor que el presente, y esto no solamente en lo moral, sino también en lo físico y material. En lo moral, porque en él habitará la justicia… También en lo físico y material, porque el mundo nuevo que esperamos lo esperamos según las promesas de Dios que solo constan del cap. LXV de Isaías, hablan expresa y claramente de una bondad moral, y también física y material».[71]

J.N. Darby no siguió a Irving; muy por el contrario, se refería a él en términos negativos.[72] Sin embargo, coincidió escatológicamente con él, pasando del premilenarismo historicista a un premilenarismo futurista, en el que Israel jugaba un papel central bajo el gobierno de Cristo, en su regreso a la tierra. Y a quien se acerca más es a Lacunza en su visión del mal en la historia y la necesidad de una redención cósmica.[73] Darby concebía una dispensación como una economía,[74] es decir un orden de

---

[68] Manuel Lacunza, *La venida del Mesías en gloria y majestad*, pp. 54 y 154.

[69] *Ibid., op. cit.*, p. 115. Lacunza creía que antes del diluvio no hubo estas cuatro estaciones del año, que en lo presente le parecía «nuestra turbación y nuestra ruina» p. 126.

[70] *Ibid., op.cit.*, p. 128.

[71] *Ibid., op. cit.*, pp. 128-129.

[72] Alderi S. de Matos, *op. cit.*, p. 12.

[73] M. Lacunza creía «En esta gran mudanza que esperamos de nuestro mundo presente del mal en bien, me parece a mí, según mi sistema, que debe comenzar por donde comenzó en tiempo de Noé, de bien en mal». Ver Floyd Elmore, «Darby, John Nelson» en *Diccionario de teología premilenarista*, p. 125. La restitución cósmica es lo que Darby igualmente va a elaborar como renovación del pacto. Darby contemplaba tres mundos o eras: de Adán hasta el diluvio de Noé, desde Noé hasta la renovación de los cielos y de la tierra por fuego al final del milenio y el estado eterno.

[74] Nota del editor: El lector hispano debe esforzarse por prestar atención a muchos de los términos y las locuciones de uso común en el lenguaje evangélico, porque son un calco directo de conceptos teológicos ingleses (incluso, en el español actual, la sintaxis y la ortografía sufren su influencia). En este caso, el término «economía» es un calco directo de *economy* en su sentido teológico, es decir, significado que según su evolución diacrónica desde finales del siglo XIV es «un método o esquema por el

cosas que Dios ha dispuesto sobre la tierra. Una dispensación termina cuando falla la responsabilidad de cumplir la voluntad de Dios y cae el juicio.[75] Su escatología dependía de su eclesiología. Concebía a la iglesia como un «paréntesis» gentil. Las promesas y bendiciones profetizadas sobre el pueblo judío podrían tener pronto cumplimiento, mediante la actividad misionera. Entonces, la dispensación eclesial entraría en transición para dar lugar al reino milenario en el que Israel jugaría un papel histórico y central bajo el gobierno de Cristo.[76] W. McDonald, quien escribe la introducción a *Antinomianism Revived*, de Steele, comenta que Darby no entendió la doctrina de la sucesión apostólica y la rechazó, cuestionando la relación entre la iglesia y el Estado, pero juntamente con este rechazo le otorgó un carácter ilegítimo a la iglesia de su época, a la que consideró apóstata, gestando así un ideal de iglesia que no alcanzó a realizar.[77]

Dentro de este acercamiento a la «fascinación escatológica»[78] del siglo XIX, es preciso tener presente, así mismo, que el movimiento de santidad es contemporáneo con otros movimientos milenaristas, disidentes de tradiciones eclesiales reformadas, como el mormonismo, los adventistas del séptimo día y el rusellismo. El mormonismo se desarrolló como movimiento religioso desde la tercera década del siglo XIX y alcanzó a enviar sus primeros misioneros a fines de ese siglo. Los mormones enseñan que habrá un milenio literal, durante el cual Cristo reinará sobre todo el mundo desde dos capitales: Jerusalén e Independence en Missouri. Estos, junto a los movimientos adventista y Testigos de Jehová que enfatizaron la proximidad de la segunda venida, constituyen auténticos milenarismos norteamericanos.[79]

---

cual Dios ha concebido su propósito y se lo ha revelado a la humanidad» *(Online Etymology Dictionary)*. Este término, desde sus inicios, fue sinónimo de *dispensation*, es decir, del antiguo francés *despensacion*, cuyo cognado moderno en español sería una «dispensa» (permiso especial para realizar algo) y que concuerda en todas las lenguas romances con el latín, no así el inglés. Se debe notar con atención que cuando se traduce *economy* por «economía», en este contexto religioso, poco o nada tiene que ver con sus significados modernos.

[75] Elmore, Floyd, *op. cit.*, p. 124.

[76] *Ibid.*

[77] W. McDonald, *Introduction* en D. Steele, *A Substitute for Holiness or Antinomianism Revived*, p. 6.

[78] La frase pertenece a Dayton, *op. cit.*, p. 100.

[79] Charles Russell, organizador de los Testigos de Jehová, fijó la fecha de la segunda

Los caracteriza la clausura interpretativa por medio de sus libros considerados sagrados, la visión dualista y milenarista de la historia y la lucha vehemente por un modelo de sociedad y de política limitado al modelo de los Estados Unidos de América.[80] El adventismo, presente desde fines del siglo XIX en Latinoamérica, enfatiza la interpretación de las Escrituras en torno al fin del mundo. El rusellismo o los Testigos de Jehová que derivaron de los adventistas, continúan las interpretaciones de fechas para el fin del mundo y añaden la esperanza de participar en la batalla final del Armagedón para eliminar a los inicuos.[81]

La relación entre escatología y ética se gesta en la visión que se tiene de la historia, la interpretación del reino de Dios y el rol que le corresponde a la iglesia en la historia. Los milenarismos del siglo XIX están acompañados de la idea del progreso. El posmilenarismo enseñaba un avance gradual del reino de Dios por medio de la predicación del Evangelio y la obra del Espíritu Santo que, sin ser algo espectacular, se adecuaba mejor a la idea de un mejoramiento gradual de la sociedad y la moral.[82] El posmilenarismo conducía a la necesaria elaboración de una ética del reino. Por ello, el rechazo del antinomismo es la reacción natural del posmilenarismo. Esto define el centro del debate en la teología de la santificación y las nuevas iglesias, en las últimas décadas del siglo XIX y las primeras del siglo XX. La ética del reino de Dios y el sentido de la historia son imprescindibles en los cambios de la escatología adoptada por las nuevas iglesias de la pentecostalización.

D. Steele entra en el debate sosteniendo que la iglesia no es el reino, pero la iglesia, como pueblo de Dios, anticipa su reino en la historia. La iglesia y el reino son de la misma especie o género. Toda la iglesia o parte de ella es reflejo del reino iniciado.[83] En el Nuevo Testamento,

---

venida de Cristo para 1874.

[80] Florencio Galindo, *El «fenómeno de las sectas» fundamentalistas*, p. 365.

[81] *Ibid.*, pp. 366-399.

[82] D.H. Kromminga, *The Millennium in the Church*, p. 233.

[83] *Ibid.*, p. 250. Ver también C. René Padilla, «El reino de Dios y la iglesia», C. R. Padilla (ed.), *El reino de Dios y América Latina*, p. 43. «La iglesia es un pálido reflejo del reino de Dios. El cual es una realidad escatológica que es punto de partida a la vez que meta de la iglesia… La iglesia refleja la tensión entre el "ya" y el "todavía no" del reino y aparte de ella su misma existencia es inconcebible. La iglesia es la afirmación simultánea del reino de Dios como una realidad presente y como una realidad futura» (p. 46).

iglesia y reino son intercambiables.[84] Dios ha trasladado el reino de su querido Hijo a nosotros.[85] Jesús habla del reino de Dios como dentro de sus oyentes. Las parábolas ilustran a este como en un lento progreso, pero finalmente universalizándose. Steele rechaza la idea de una iglesia corrupta,[86] como evasión de los modernos milenaristas a los valores del reino de Dios. Dice Steele al respecto:

> En la comparación del reino con la levadura depositada en la harina, Jesús procura enseñarnos la gradual difusión, la penetración y la asimilación del poder y la prevalencia universal del reino de los cielos.[87]

De esta manera, Steele trasluce una visión optimista de la historia, opuesta a la interpretación de la levadura como símbolo del mal y la corrupción. El reino penetrará toda «la masa de la humanidad» y el poder transformador de la «nueva levadura» de todo ser individual. «Todo esto será una consecuencia renovadora del Espíritu Santo, pero será continua y progresiva».[88]

La preocupación de Steele se centra en las interpretaciones milenaristas, que procuran persuadir respecto a que la iglesia se está volviendo cada vez más corrupta, que el mundo está naufragando desesperadamente y la dispensación pentecostal es un estupendo fracaso.[89] Esta era la visión desesperanzada del cristianismo que no veía la expansión y prevalencia universal del reino de Dios establecido por Jesucristo.[90]

En Steele hay una comprensión de la escatología, desde la interpretación teológica, bíblica y exegética. Ve la concepción milenarista de un reino de Cristo terrenal y visible, enteramente diferente al reino espiritual de Cristo solo en la iglesia y contraria a la idea de los judíos respecto al reino mesiánico, lejana de la enseñanza de Jesús del

---

84 *Ibid.*, p. 246.
85 Colosenses 1.13.
86 Steele, *op. cit.*, p. 247.
87 *Ibid.*, p. 248.
88 *Ibid.*, p. 249.
89 Steele, defendía la pentecostalidad. Ver D. Dayton, *Raíces teológicas del pentecostalismo* p. 53.
90 *Ibid.*, p. 250.

acercamiento del reino de Dios a la historia sin el protagonismo judío, como se enseñaba en la interpretación literal de las profecías.[91]

Al prevalecer el premilenarismo sobre el posmilenarismo y el amilenarismo, vino a constituir una preocupación teológica, misiológica y de ética social, en especial en el quehacer misionero. El surgimiento y avance del reino de Dios en la historia no advierte sobre una segunda venida previa al milenio, para la «restauración de todas las cosas»[92] antes de la parusía, supresión **aún de la corrupción moral**. Steele, interpretando a Pedro, sostiene que el apóstol nos da dos razones para el retraso en la segunda venida: la diferente concepción del tiempo en la mente divina y el paciente sufrimiento divino al dar un espacio adicional para el arrepentimiento. La dispensación del Paracleto no puede ser reemplazada por una dispensación en la cual judíos y gentiles se convertirían masivamente. Esto establecería un esquema en seria discrepancia con la Palabra de Dios y reflejaría un pesimismo que no logra convencernos, porque el hombre tiende a seguir falsedades; y se niega a aceptar, que sin creer es imposible que el hombre experimente una conversión. En la edad apostólica, entre la ascensión y la parusía, sostiene Steele, la iglesia está constituida por judíos y gentiles convertidos.[93]

Observaciones al discurso escatológico de la conferencia profética de 1878

La corriente de escatología premilenarista y el pesimismo respecto al progreso promovió y controló la conferencia profética que se llevó a cabo en Nueva York en 1878. En esta obra, *A Sustitute for Holiness o Antinomianism Revived*, Steele dedicó la mayor parte a explorar la escatología de los artículos y esquemas difundidos por la conferencia y publicados en el *Zion's Herald*,[94] posteriormente a dicho evento.

Para Steele, se trata de una literatura traída de Inglaterra y recomendada a los cristianos estadounidenses por evangelistas, en sus sermones y conferencias evangélicas. El evento no tenía la finalidad de

---

[91] *Ibid.,* p. 251.

[92] *Ibid.,* p. 260. Hechos 3.21. Cumplimiento, realización armoniza mejor más que restauración, con el contexto.

[93] *Ibid.,* p. 262.

[94] *Op. cit.,* pp. 193-203.

defender la segunda venida de Cristo como comúnmente se cree, la resurrección de los muertos, el juicio de los vivos y los muertos y el fin de la historia de la humanidad, sino la resurrección de muertos justos, la instauración de un reino visible y personal de Cristo sobre la tierra por mil años.

Steele examina la denominación de esta corriente escatológica de énfasis en la segunda venida antes del reino milenario que Cristo establecerá sobre la tierra, comenzando por identificarla, desde el griego como *quiliasmo,* y su equivalente en latín *milenarismo.* Sin embargo, considera más exacto el término *pre-milenarismo.* Luego se concentra en la especulación sobre el futuro, desde la presencia metodista en la conferencia, en la que participaron un luterano, dos reformados, diez congregacionalistas, quince episcopales, veintisiete bautistas, cuarenta y tres presbiterianos, diez Hermanos de Plymouth y siete metodistas.

El metodismo para esta época, según Steele, está demasiado aferrado al presente mundo malo para sentarse a especular sobre el futuro.[95] Esto le indicaba que como iglesia no estaban desanimados respecto al progreso y el avance del Evangelio, como lo indicaba la dispensación del Espíritu Santo, pero no estaban obsesionados por lo escatológico. Steele observaba en torno al esquema premilenarista, una presencia reformada calvinista, que más adelante se convertiría en una corriente dispensacionalista con trasfondo presbiterano con Cyrus I. Scofield y Lewis S. Chafer [96] por lo cual hubo fuertes razones para un frío respaldo desde el metodismo. El movimiento profético comenzaba a creer que fundamentalmente Cristo no ha elegido la presente dispensación para entronarse sobre el mundo. Se trata sencillamente de una dispensación de preparación para el futuro reino. La iglesia no es el reino, sin embargo, es una institución temporal para el entrenamiento del pueblo que Jesucristo está convocando para sí mismo.[97] Volveremos

---

95 *Ibid.,* pp. 194-195.

96 Mal Couch (ed.), *Diccionario de teología premilenarista,* pp. 105 y 422.

97 Ver José Míguez Bonino, «El reino de Dios y la historia» En *El reino de Dios y América Latina.* Buenos Aires. El Paso, Texas: Casa Bautista de Publicaciones. 1975, pp. 75-90. Mervin Breneman, «Apuntes sobre la continuidad y/o discontinuidad entre el reino de Dios y la historia». En *Plan de formación de discípulos.* Lima: Asociación de Grupos Universitarios del Perú. Programa de Capacitación. Serie AIII. Mayo de 1979.

a este tema más adelante cuando analicemos la conclusión de Steele respecto al reino de Dios.

En la presente dispensación, explica Steele, la conversión del ser humano sucede por medio de la persuasión de la verdad bajo la suave e irresistible influencia del Espíritu. Desde esta convicción se muestra cauteloso con la concepción y aplicación de la gracia irresistible, que germinó la idea de una conversión inmediata de los judíos, la conversión masiva de los gentiles y una regeneración del mundo ante la presencia majestuosa de Cristo.[98] Steele ve fracasar la «máquina de hacer cristianos» (*machine-made Christians*),[99] cuando la conversión es forzada y no es el resultado de la persuasión de la verdad. Como se aprecia, Steele aun conserva rasgos de su posmilenarismo wesleyano, que se muestra en esta afirmación:

> Al respecto, nosotros creemos que la presente dispensación es lo más favorable para el desarrollo y crecimiento de la virtud, la cual este mundo siempre quiere ver y que la futura dispensación, la cual existe en los sueños de los quiliastas… no proporcionará las condiciones requeridas para un razonable ensayo».[100]

Steele sigue la escatología, que entre fines del siglo xix e inicios del siglo xx procura responder adecuadamente a las preocupaciones de su tiempo. Como observa el historiador norteamericano Carl N. Degler, la industrialización y la urbanización remodelaron los contornos de la sociedad norteamericana. Este nuevo mundo casi aplasta al «sueño americano» con un desafío espiritual. Las ciudades albergan en sí mismas tanto de Babilonia como de la Nueva Jerusalén. Tras la Guerra de Secesión, un retroceso religioso parece marcar la espiritualidad de la población. A esto se añadió la agudización del conflicto social entre el capital y el trabajo, y los teólogos se vieron obligados a buscar explicaciones y remedios en nuevos espacios y discursos.[101] Son tiempos decisivos políticamente, una escalada

---

Mimeografiado.

[98] *Op. cit.*, p. 198.

[99] *Op. cit.*, p. 200.

[100] *Ibid.*

[101] Carl N. Degler, *Historia de Los Estados Unidos*, pp. 129-146. G.M. Marsden en

de huelgas desde 1877 aumentan la tensión social y va haciendo imposible reconciliar las doctrinas de Jesús con el funcionamiento impersonal y despiadado de un *laissez-faire* económico.[102] La alianza entre la religión y el mundo de los negocios, que había comenzado con los calvinistas, estaba siendo sometida a un profundo examen. La doctrina de ese «dejar hacer libremente» (*laissez-faire*) no significaba únicamente dejar que lo sano marche por sí mismo, sino también un dejar que lo que está enfermo continúe desenvolviéndose por sí mismo.[103] Esto impulsó la idea de estar en un mundo caído que no puede ser restaurado por el poder moral de la verdad y el amor bajo la persuasión del Espíritu Santo y cancela cualquier llamado a la santidad como un recurso poderoso para el triunfo del reino de Dios.[104]

El siglo diecinueve había sufrido un proceso de des-escatologización. Esto dio origen a lo que se denominó «escatología consistente»[105] que difundiera A. Schweitzer, la que sería recogida, según Rosino Gibellini, por la teología dialéctica y reasumida en la escatología bíblica de las perspectivas de la historia de la salvación de O. Cullman. La teología europea a fines del siglo XIX redescubrió el carácter escatológico del mensaje cristiano. Se realizó una sustitución del «Jesús histórico-ético» de un mensaje de amor por un «Jesús escatológico» que anunciaba un reino futuro y supramundano. Dice O. Cullman al respecto:

> … toda la discusión sobre la «escatología consecuente» de A. Schweitzer aplica al mensaje de Jesús y sobre la «escatología realizada» de C.H. Dodd. Ambas tesis tanto la de Schweitzer (escatología puramente futura) como la de Dodd (escatología ya realizada exclusivamente) excluyen en su unilateralidad la tensión histórico-salvífica del presente.[106]

Fundamentalism and American Culture; observa que tras la Guerra de Secesión, la crisis espiritual obtuvo una respuesta en el premilenarismo, p. 51.

[102] *Ibid.*, p. 134.

[103] *Ibid.*

[104] *Ibid.*, p. 202.

[105] H. Ridderbos, *La venida del reino*, Vol. I, p. 11.

[106] Oscar Cullman, *La historia de la salvación*, p. 194.

La «escatología consecuente» como la comenta R. Gibellini,[107] ve al Jesús histórico como un Jesús escatológico que vivió esperando el fin del mundo y el advenimiento sobrenatural del reino de Dios, condicionado por la visión apocalíptica del judaísmo. Este mundo del que habló Jesús y que era distinto al nuestro, generó fascinación sobre el anuncio de un mundo distinto y la proclamación a ser distintos en el mundo para poder participar del reino.[108]

De la escatología del siglo xix, nos es pertinente a nuestro tema la hipótesis de una relación entre la práctica de Jesús y su visión escatológica. Dice Ridderbos, comentando la escatología de Johannes Weiss (1863-1914):

> Weiss escuchaba el eco de esta escatología, palabra clave especialmente en los mandamientos de Jesús. Ellos no señalan el modelo del reino de Dios que se desarrolla en este mundo, pero sí se establecen como condiciones para la entrada al reino futuro. Y no solo funcionan como condiciones, sino que además, son cabalmente escatológicos por su carácter. El radicalismo de la ética de Jesús es el de quienes saben que el fin del mundo está cerca y que, por eso han adoptado como principio el abandono de todos los intereses y posesiones terrenales. Ahora que el fin de este mundo puede llegar en cualquier momento, no tiene sentido discutir acerca del bien o del mal. Tal fue el sentido de crisis que dio origen a los mandamientos de Jesús… los mandamientos fundamentales de Jesús deben comprenderse desde la expectativa escatológica del reino de Dios venidero».[109]

La conferencia de profecía anticipa una visión del mundo en el que solamente progresa el mal y las señales de esperanza se van diluyendo. Además, y tal vez como trasfondo más importante, está la intencionalidad de la pentecostalidad inherente al movimiento de santidad, que busca restaurar no solo los carismas apostólicos, sino también el «evangelio completo» de la praxis de la iglesia primitiva.

---

[107] R. Gibellini. *La teología del siglo xx*, p. 298.
[108] *Ibid.*
[109] Ridderbos, *op. cit.*, p. 11.

La preocupación ética, a partir de la enseñanza de santidad individual y social se vio amenazada por una escatología de juicio y salvación, que abandonaba la perseverancia en la santidad como consecuencia y afirmación de la expectativa del reino de Dios y de la segunda venida. La «escatología del reino de Dios» cobró interés, no solo en lo histórico-exegético, sino entre quienes vivían el optimismo del progreso humano hacia una sociedad ideal.

La oscilación entre el apuro y el retraso de la segunda venida fue tomando en el premilenarismo el significado de una oportunidad para el cumplimiento de la gran comisión, sin que esto implique necesariamente un avance en lo moral, lo cual solo podría suceder en el reino milenario. Es así que todo esfuerzo por vivir el evangelio, desde la renovación de la espiritualidad, es meramente algo excepcional. Se puede entender en este marco la importancia que tuvieron las reacciones que abogaron por un evangelio social. Charles Sheldon (1857-1946) se preguntaba «¿en un contexto socio-cultural de deshonestidad y corrupción, qué haría Jesús?»[110] Walter Rauschenbusch (1861-1918) afirmaba que la convicción social de Jesús es axiomática, y sus valores de lo sagrado de la vida y la persona, de la solidaridad de la humanidad y la obligación del más fuerte a defender la vida del más débil, están vinculados al reino de Dios sobre la tierra, como el ideal social de Jesús.[111] Esto es, la «obediencia a la ética de Jesús» servía de guía, según Rauschenbusch, al propósito de restablecer el verdadero significado del reino de Dios y contribuir a su realización sobre la tierra.[112] Con este trasfondo optimista del progreso, Steele veía en el pesimismo de la enseñanza escatológica de la conferencia de profecía (1878) un fracaso del triunfo gradual de la vida en el Espíritu, y de las consecuencias de su accionar que venían sucediéndose en las implicaciones sociales de los avivamientos. A Steele le parecía que el premilenarismo de la conferencia, no respondía satisfactoriamente porque anunciaba el establecimiento de un reino de Dios omnipotente, que debía retrasarse.[113]

---

[110] C. Sheldon, *En sus pasos o ¿Qué haría Jesús?* La novela fue publicada por primera vez en 1896.

[111] Walter Rauschenbusch, *The Social Principles of Jesus*, pp. 190-191.

[112] Carl N. Degler, *op. cit.*, p. 135.

[113] Steele, *Antinomianism*, p. 203.

La evaluación de Steele respecto a la escatología antinomista sucede, tal como habíamos acotado, desde su lectura escatológica posmilenarista. Le parece que el premilenarismo es más atractivo porque causa expectativa y anuncia eventos catastróficos que introducen el reino de Dios.[114] Esto condujo a una escatología que anuncia la segunda venida sin ningún compromiso con una historia que va a finalizar pronto, que simplemente se limita a una reacción moral temerosa e insegura, condicionada por la enseñanza profética de los horrores de una tribulación que vendrá. Esto debilitó la fuerza del amor a Dios, como motivador de la ética cristiana.

Aquí es donde encontramos uno de los elementos fundamentales de la estructuración del pensamiento reaccionario en un sector de la teología de la santificación, en los inicios del pentecostalismo, lo que produjo el rechazo a la propuesta de misión del evangelio social. Esta corriente teológica y de misión procura aplicar en forma estricta las antiguas normas morales a los nuevos abusos en la riqueza y a los nuevos males que muchos pensaban habían de ser resueltos en las zonas menesterosas.

Los grupos e iglesias del movimiento de santidad, los pioneros de la Alianza Cristiana y Misionera, las Misiones Peniel, los asilos Puerta de Esperanza, la Iglesia del Nazareno, la Unión de Santidad Apostólica, que posteriormente se convirtió en iglesia de los Peregrinos de Santidad, y el Ejército de Salvación asumieron el compromiso social de resolver los problemas de grandes sectores marginales, con el deseo apasionado de convertir la fe antigua en una nueva clase de sociedad.[115] Los evangélicos que enfatizaban la santidad, dice Timothy Smith, creían que la necesidad más grande del pueblo estadounidense se encontraba partiendo desde la limpieza por la sangre de Jesucristo a la necesidad de una «reforma política».[116] Este estudioso de la historia y la teología de la santificación observa también como Steele, que la idea de una Norteamérica cristianizada por un destino manifiesto, se había convertido en un objetivo que desplazó la ética individual. Ante esta situación, la religión del

---

[114] D. H. Kromminga, *op. cit.*, p. 233.
[115] Timothy Smith, *La historia de los nazarenos*, p. 232.
[116] *Op. cit.*, p. 233.

avivamiento y la aspiración perfeccionista se convirtieron en los impulsores de la reforma social.[117]

La escatología, en la teología de la santificación, se conectó con la ética social por medio de las ideas del progreso humano y la teología del evangelio social. Steele vive académicamente ligado a la Universidad de Boston, la que dio las espaldas al movimiento de santidad después de 1910 y reemplazó la pentecostalidad, inherente al movimiento de santidad por el personalismo.[118] Steele de origen metodista, apoyó la propuesta social del Ejército de Salvación, especialmente los libros de Catherine Booth, como *Godliness and Aggresive Christianity*, y le impresionaba la piedad de su compromiso social y lo veía como un cristianismo agresivo y radical.[119] La reacción en la teología de la santificación al desprecio por la ética social, especialmente en el anti-nomismo de escatología premilenarista dispensacional, tuvo el impulso de la relación que la santificación comenzaba a tener con la obra del Espíritu Santo, relación que abandonaba el concepto declarativo de santidad y comenzaba a concebir una secuencia de obras del Espíritu Santo y frutos que identifican una espiritualidad coherente, que se traducía en ética individual y social.

El premilenarismo resultó ligado al fundamentalismo, y el pos-milenarismo al modernismo. El fundamentalismo no necesitó ser premilenarista, podía haberse quedado en el amilenarismo de su trasfondo reformado, pero coincidieron en ser ambos supernaturalistas, consiguiendo fusionarse en el apoyo a la enseñanza del retorno visible de Cristo,[120] para establecer su reino de mil años. La exégesis e interpretación literalista fue otra de las conexiones entre el premilenarismo y el fundamentalismo. De allí que la crítica tal vez más aguda de parte de Steele contra el premilenarismo sea a su exégesis literalista de las Escrituras, señalando que no se puede interpretar figurada o simbólicamente donde el pasaje es una unidad literaria homogénea.[121] Según el canon

---

117 Timothy Smith, *Revivalism and Social Reform*, pp. 7-8.
118 T. Smith, *La historia de los nazarenos*, p. 62. El personalismo se desarrolla en el siglo XIX. Defiende la libertad del ser humano. Considera al hombre como un ser autónomo, responsable, dotado de valor y dignidad propia.
119 T. Smith, *op. cit.*, p. 43.
120 D. H. Kromminga, *op. cit.*, p. 233.
121 Ilustra su observación con el caso de Zacarías 14, especialmente los versos 4 y 9, que

de interpretación, nos señala que un pasaje homogéneo de la palabra de Dios debe ser explicado homogéneamente. Esto significa que debe ser enteramente literal o enteramente simbólico. No se deben mezclar estos métodos y esquivar un absoluto literalismo para recurrir a una interpretación figurativa donde el pasaje es una unidad que no resiste el simbolismo.[122]

Steele analiza en este capítulo un panfleto de la conferencia que contiene un esquema escatológico. Este esquema fue introducido por Frank y Lula Ferguson,[123] en la traducción y edición del *Compendio de teología o ¿Qué dice la Biblia?*, que fue publicado en Buenos Aires en 1935.[124] Los Ferguson advierten en la página de dedicatoria:

> Hemos modificado partes de esta obra y agregado el dibujo
> en colores para dar más claridad a la enseñanza en cuanto a la
> segunda venida de Cristo.[125]

Estas modificaciones dieron a la escatología, que Steele había consignado en su corrección y adición a la obra de Amós Binney, un giro hacia el premilenarismo, proclive al dispensacionalismo, que precisamente él refuta en *A Substitute for Holiness or Antinomianism Revived*, cuyas principales críticas estamos exponiendo. Los Ferguson se interesaron en la escatología, publicando posteriormente un pequeño libro de Elmer. G. Marsh, *He aquí que viene*, este en la contratapa lleva el mismo cuadro que fue insertado en el compendio.[126] Notemos la relación entre el diagrama que Steele recoge de la conferencia profética, al que califica de «Absurdos exegéticos» y el diagrama que adoptan tanto Marsh como Ferguson.[127]

---

refiere a que «en aquel día Jehová afirmará sus pies sobre el monte de los Olivos y... será rey sobre toda la tierra».

[122] *Op cit.*, p. 204.

[123] Frank Ferguson, procedía de la Iglesia de Santidad de Tennesse. Estuvo vinculado a la Alianza Cristiana y Misionera e Iglesia de Dios. Enviudó y se casó dos veces. Visitó Perú en 1920. Se unió a los nazarenos en 1917.

[124] Amós Binney y Daniel Steele, *¿Que dice la Biblia? o Compendio de teología*. Trad. Frank y Lula H. de Ferguson, Buenos Aires: Frank y Lula H. de Ferguson, (Gaona 2578), 1935.

[125] *Op. cit.*, p. 5.

[126] E.G. Marsh, *He aquí que viene, o simple abecedario de la venida de nuestro Señor Jesucristo*. Buenos Aires. Publicado por el Departamento de Publicaciones Hispanas, Iglesia del Nazareno, 1951. Impreso por Beacon Hill Press.

[127] Steele, *Antinomianism Revived*, p. 223. E. G. Marsh, contratapa.

Observaciones de Steele al esquema hermenéutico premilenarista dispensacional

En esta sección estudiaremos las consecuencias de estas modificaciones en la teología del protestantismo de la santificación en Latinoamérica. Antes, estudiemos las observaciones de Steele al esquema difundido. Para él, el punto más vulnerable en la teoría premilenaria es la exégesis de Mateo 25.31-46. Le resulta evidente que el juicio será general y que incluye a toda la raza humana. Los justos y los malos serán juzgados simultáneamente y sentenciados. El juicio será individual y no nacional, según la relación con Jesucristo. El día del juicio es un final, una liquidación de la historia del ser humano sobre la tierra. No le parece posible, como pretende el premilenarismo, incrustar un reino terrenal, llamado milenio, entre la venida del Hijo del Hombre en su gloria y su sentencia final. Los milenaristas no tienen dificultad en fragmentar el día del juicio, ubicándolo, uno en el aire, antes de la epifanía; otro en la tierra, después de segunda venida y otro después de los mil años.[128]

A partir de estas observaciones respecto al premilenarismo, Steele comienza a establecer una relación entre escatología y ética. El gobierno moral que Jesucristo impondría en persona sobre el mundo sería la continuidad de un reino supernatural, completamente inadaptado para su proyecto de ensayo para el reino eterno. Sería un paso del estado presente a un estado de santidad universal.[129] Sin entrar en la eternidad, vivir la experiencia del reino en el marco de nuestro contexto terrenal.

> Para el pueblo de los Estados Unidos este juicio de las naciones, por medio de la evaluación de nuestro trato nacional a los judíos, es algo que podemos abordar con más atrevimiento que alguna otra nación de la moderna civilización, porque nunca hemos discriminado a los hebreos, en nuestra legislación «este es mi hermano», aunque hemos abusado del africano, del indio y del chino, quienes supuestamente han rechazado a Jesucristo. Aquí la gran República Americana está ante una gran

---

[128] *Op. cit.*, pp. 226, 229.
[129] *Ibid.*, p. 232.

oportunidad para ser la nación dominante en la regeneración, o edad milenaria, la cual comienza inmediatamente después del premio de vida eterna a las naciones o de la decisión de interminable castigo.[130]

Aquí encontramos el hilo de la preocupación que Steele tiene por las implicaciones del premilenarismo histórico en la ética social. Esto se refleja parcialmente en el prefacio al *Compendio de teología*, al explicar que: «la emancipación de cuatro millones de esclavos en los Estados Unidos de América ha creado una creciente demanda por una gran dedicación al entrenamiento de maestros de escuela dominical y predicadores en este nuevo contexto de libertad».[131] Como veremos más adelante, la sistematización teológica del *Compendio* refleja una relación con la ética como consecuencia de su escatología.

La objeción principal que Steele manifiesta es al reino personal de Cristo por mil años, en la tierra, antes del juicio final, el cual considera no estar fundado en los Evangelios, ni en los Hechos, ni las epístolas paulinas ni petrinas, ni en Santiago ni Juan, sino sólo en Apocalipsis. El premilenarismo fundamenta su enseñanza en el capítulo veinte de Apocalipsis y su interpretación literal, mostrando de esta manera desconocimiento de las normas de interpretación. Steele realiza siete observaciones al texto del mencionado capítulo:

> No hay una mención de la segunda venida antes de los mil años. Juan ve solo las almas de los mártires. No menciona sus cuerpos. No existe prueba alguna de la resurrección de todos los justos muertos, sólo de mártires decapitados. Hay en este capítulo una total ausencia de pruebas que estos mártires resucitados reinan con Cristo sobre la tierra.
>
> No hay evidencia aquí de que se hable de un único milenio. Bengel y Wesley observan que hay dos períodos distintos de mil años. El primero de represión de Satanás y prosperidad de la iglesia. El segundo es el reino de los mártires. Ambos períodos antes de la segunda venida. Bengel y Wesley son posmilenaristas.

---

130 *Ibid.*, pp. 233-234.

131 Amos Binney y Daniel Steele, *Binney's Theological Compend. Improved.* Nashville: Abigdon-Cokesbury Press. 1902. (Primera edición, 1875) p. 10.

> Es muy importante para el milenarismo probar el juicio de los muertos ante del gran trono blanco, en el que solo muere el malo.
>
> Buscamos en vano, en esta cuenta del milenio o milenios, una referencia a los judíos siendo reunidos en Jerusalén.[132]

Este capítulo, dice Steele, ha sido un enigma inexplicable para los estudiosos en todas las épocas del cristianismo. El literalismo del método de estudio de la profecía, que se promovió en la conferencia de profecía va en contra de lo que ha sido la interpretación que acepta el simbolismo, la metáfora y el lenguaje retórico en la elaboración doctrinal. Esto hace que en este movimiento milenarista se repita la historia en torno a la obsesión por la fecha de la segunda venida.[133] Los números apocalípticos y la determinación de los períodos en año son atractivos para los estudiosos aficionados de las profecías.

La relación entre el reino de Dios y la iglesia, que vimos al inicio de la exposición de la escatología de Steele, es un tema al que el autor vuelve en la conclusión de *A Substitute for Holiness or Antinomianism Revived*. Sin perder el entusiasmo por la evangelización del mundo y poniendo a un lado el pesimismo respecto a la segunda venida, dice Steele:

> Creo que el predominio general del premilenarismo podría ser desastroso para los más altos intereses del reino de Cristo, que está siendo extendido ahora por toda la tierra por la acción del Espíritu Santo y consagrados creyentes.[134]

La afirmación de Steele respecto a la «extensión del reino, tanto por el Espíritu Santo y los creyentes consagrados», nos conduce nuevamente al debate inicial de su obra respecto al premilenarismo: el lugar que ocupa la iglesia en la extensión del reino.

D.H. Kromminga explica que hay una doble herencia común y recíproca en la heterodoxia escatológica Norteamericana. El premilenarismo espera un reino sociopolítico, lo cual vino a ser la primera

---

[132] Steele, *op. cit.*, pp. 237-243.
[133] *Op. cit.*, p.245.
[134] *Op. cit.*, p.265

trasmutación de algo del posmilenarismo, que le permitiría una búsqueda de la realización de la humanidad. Pero el ideal de la iglesia pura y espiritual, que era herencia posmilenarista, fue reinterpretada como la búsqueda de este ideal a través de la espiritualidad y no de la ética. Esta pureza eclesial se alcanzaría en el retorno del Señor.[135]

Las corrientes heterodoxas, que se alejan del wesleyanismo clásico y por tanto de una postura protestante más clásica,[136] prosiguen con su teología de la historia que ve al final de todas las cosas la restauración de la imagen de Dios en el individuo y la restauración de las señales del reino en el entorno sociocultural. Entretanto, el movimiento de santidad desarrolló la tendencia a presentarse a sí mismos como la realización del ideal religioso-eclesiástico.[137] Esto que era la convicción de Steele y a lo cual se oponía el antinomismo, es visto por Kromminga como procedente del «nuevo puritanismo inglés», que inducía a los grupos religiosos a verse a sí mismos como los santos de Dios, que se adscribían un excepcional y persistente rol en la providencia de Dios. Esta apreciación de sí mismo como al servicio del reino de Dios, especialmente desde la experiencia de los cuáqueros entre otros, representaba el ideal de la iglesia pura. El milenarismo y el ideal de la iglesia pura, moldeados e incentivados por el avivamiento, constituyen el énfasis del cristianismo norteamericano, por la influencia de los movimientos religiosos no-conformistas, que fue la causa de la separación entre iglesia y Estado.[138]

El pesimismo como pérdida de la esperanza, explica Steele, está vinculado estrechamente al premilenarismo de J.N. Darby (1800-1882),[139] que ve igualmente en el antinomismo una radicalización reformada,[140] conducente a una reacción desde el pesimismo hacia el

---

[135] Kromminga, *op. cit.*, p. 236.

[136] Donald Dayton, *op. cit., ibid.*

[137] *Ibid.*

[138] Krominga, *op. cit.*, p. 238. Ver también Richard V. Pierard, *The Unequal Yoke*: «Durante el siglo XIX crecieron y florecieron los principios éticos del cristianismo, mas específicamente en su expresión protestante. Esta ética estuvo basada en una fe universal en la soberanía de Dios, en la revelación de la ley de Dios, la libertad individual dada por Dios y la benevolente dirección de la divina providencia. En todos los aspectos de la vida, Dios fue tenido en cuenta, la gente estimaba tanto cualidades como el arduo trabajo, el honor, la integridad y la frugalidad», p. 110.

[139] D. Steele, *Antinomianism Revived*, pp. 56, 169.

[140] D. *Steele, op. cit.*, p. 38 , 56, 94.

premilenarismo dispensacional. Se trata de un pesimismo en plena dispensación del Espíritu Santo.[141] El rechazo de la pentecostalidad tuvo entre sus primeros opositores a los simpatizantes de Darby, que consideraban un fiasco una era del Espíritu Santo y rechazaban un paréntesis pneumatológico entre la cruz y la segunda venida de Cristo. Steele comenta al respecto:

> Esto es, además, culpar a Dios de falta de bondad por permitir al mundo ir de mal en peor y a generación tras generación ir a la perdición, que podría haber sido salvado o su existencia haber impedido la temprana venida de Cristo para establecer su reino terrenal. Sin embargo, el mundo crece mejor gracias a la pura y amplia predicación del Evangelio, y que hay una razón misericordiosa en el retraso de la segunda venida de Cristo para liquidar el período de la historia humana mediante el juicio de vivos y muertos asignándoles su destino eterno.[142]

La observación de Steele, desde su visión del progreso, contradice la enseñanza de la escatología premilenarista de J.N. Darby. Pues si lo que progresa es la corrupción y el deterioro, entonces estamos en el fin de la bendición y de la saludable influencia del Evangelio en el mundo.[143] El reino de Dios deja de ser como un grano de mostaza y semejante a la levadura.

Steele confronta el pesimismo debido a su visión de la historia, en la que se ubica la noción del progreso de la revelación. Como Fiore, Fletcher y Wesley, concibe una revelación histórica del Padre, seguida por otra del Hijo y finalmente la del Espíritu Santo. Asimismo, su optimismo forma parte de un correlato con su noción de la santificación que es independiente de la justificación, y que es la obra definitiva de Dios.

Steele sostiene la idea de una «perfección cristiana», vinculada a la moral y no a una mera declaración, que conduce a una «perfección espuria»,[144] independiente de la conducta moral, que rechaza la ley de

---

[141] D. Steele, *op. cit.*, p. 169.
[142] *Ibid.*, pp. 169-170.
[143] *Ibid.*, p. 172.
[144] D. Steele, *op. cit.*, p. 25.

Dios como regla de vida y a un triste descenso del modelo de moral cristiana. «La pureza de los preceptos éticos de Cristo» están vigentes y se sustentan en la voluntad divina. Sin que esto signifique un «legalismo evangélico»,[145] debemos reconocer, dice Steele, como lo enseña San Pablo que, «la ley del Espíritu de vida en Cristo Jesús nos hace ahora libres de la ley del pecado y la muerte».[146]

Steele cree sinceramente que la verdad cristiana es práctica y anticipa la trasformación moral del ser humano,[147] contrarrestando la anomia y la antinomia.

---

[145] *Ibid.*, pp. 24, 33.

[146] *Ibid.*, pp. 24-25. Romanos 8.2. Ver el *Comentario popular* de Amos Binney y D. Steele.

[147] *Ibid.*, p. 37.

Capítulo 2

El sistema del *Compendio de teología* revisado por Daniel Steele

En esta sección ahondamos el estudio de la teología de Daniel Steele, especialmente de su sistematización teológica, las mejoras que realizó en todas las partes del *Compendio de teología* escrito por su suegro Amós Binney. Estas mejoras produjeron un texto mucho más útil para los que habían sido perfilados como sus lectores. Estos fueron variando desde los jóvenes, después los afroamericanos liberados y finalmente los estudiantes en las misiones extranjeras. Las revisiones han sido una especie de actualización y contextualización. Hasta su traducción al español trascurren entre treinta y cinco y cuarenta años.

El texto del *Compendio de teología* como un sistema teológico[1]

Hasta donde hemos investigado, la primera edición del texto del *Compendio* data, según la fecha del prefacio, del 1º de junio de 1839. Le siguieron varias ediciones, en 1846, 1856, que Binney publicó bajo el auspicio de la Iglesia Metodista Episcopal, bajo el título *The Theological*

---

[1] Nota del editor: La frase «sistema teológico» se refiere al inglés *System of Divinity*. El lector debe evitar caer en la tentación de traducirlo literalmente como «sistema de divinidad» porque es incoherente en español. *Divinity* en el idioma inglés (especialmente desde el período posterior a la Reforma, esto es, siglo XVII) ha venido a significar «teología» o «todo lo que tenga que ver con la Divinidad», es decir, Dios. Dicha evolución es *sui generis* a la lengua inglesa, no así a las lenguas romances.

Compend: Containing a System of Divinity, or A Brief View of the Evidences, Doctrines, Morals, and Institutions of Christianity.[2] Después vendrían las ediciones a partir de 1875, teniendo como coautor a Daniel Steele. Pocas obras teológicas en el siglo XIX, han tenido tantas ediciones y traducciones a otros idiomas, como el alemán, el sueco, el árabe y el chino.[3] En español se han realizado por lo menos dos traducciones, una para su publicación en México y otra para Argentina, como veremos más adelante.

La revisión de Steele la podemos notar en las ediciones a partir de 1875, luego en la de 1902. En nuestro estudio seguiremos la traducción y ediciones en español de 1877 y 1909 realizadas por Cornelio A. Miller, en Iowa, EE.UU., para la imprenta Metodista Episcopal de México.[4] Esta traducción la iremos comparando con la edición realizada en Argentina por Frank y Lula H. Ferguson para la edición de 1935, publicada por los traductores. Esta última traducción, auspiciada por Publicaciones Internacionales de la Iglesia del Nazareno, se vuelve a editar en 1946 y va a ser la traducción y versión que adopta la Casa Nazarena de Publicaciones para las ediciones posteriores del *Compendio* realizadas en español.[5]

La traducción de Frank y Lula Ferguson realizada en Buenos Aires y editada en 1935, tenía el antecedente de la traducción al español para las ediciones de México en 1877 y 1909 y la edición definitiva en inglés, que fue registrada en 1902 por Steele. Sin embargo, realizaron modificaciones siguiendo la influencia de la teología premilenarista y la ruptura con los delineamientos de la Reforma y adoptaron el sistema teológico anabaptista de la Reforma radical.

En consecuencia, la primera modificación fue la de un asunto eclesiológico esencial, con la consiguiente desarticulación de los residuos de la teología del pacto, que se manifestaban en el bautismo de niños como medio de gracia. La segunda modificación fue sobre un asunto más bien posicional, de matiz, respecto a la doctrina escatológica que introdujo el énfasis milenarista. Sin embargo, fue esta la modificación

---

2 Amos Binney, *The Theological Compend* (1946) Ver también Miller, William C, *Holiness Works: A Bibliography*, p. 22.
3 Binney-Steele, *Binney's Theological Compend*, (1902), p. 10.
4 Binney-Steele, *Compendio de teología*, (1877) pp. 1-9.
5 Binney-Steele, *Compendio de teología*, (1984) p. 2.

que más repercutió en las declaraciones de fe, por la importancia que adquirió la escatología premilenarista dispensacional difundida por las misiones independientes en América Central y en otras regiones del continente desde fines del siglo xix, en especial desde la publicación, en 1888, de la obra *Traza bien la Palabra de verdad*, escrita por Cyrus Ingerson Scofield y posteriormente de la Biblia Anotada de Scofield, en 1909 y 1977.[6] La versión con la que fueron formados los ministros en los institutos bíblicos de las iglesias del movimiento de santidad, después de la década de 1940, fue la versión que contenía estas importantes modificaciones. La identidad eclesial y la relación con la tradición teológica experimentaron dos supresiones y sendos reemplazos, uno premilenarista y otro anabaptista. Esto será ampliamente tratado más adelante.

El *Compendio* no solo llegó a ser popular por su sencillez y brevedad, sino porque seguía un sistema teológico apologético que encajaba con la Modernidad. Steele, en su calidad de profesor universitario y estudioso del Nuevo Testamento, encontró en el *Compendio de teología* una sistematización con la que se identificaba y cuyas referencias bíblicas podrían ser exegéticamente sostenibles. Asimismo, el aparato de preguntas entretejidas en el texto era suficientemente provocadoras y motivadoras para la reflexión y profundización de algunos temas. Algunas de sus primeras preguntas son: «¿Es posible la revelación? ¿Cuál es la única regla suficiente de conducta humana? ¿Qué dice la opinión pública? ¿Qué quiere decir revelación oral?»[7] Estas preguntas aparecen en la edición en español de 1877, pero no se conservaron en la edición de 1909, ni en la traducción de 1935.

El sistema teológico
del *Compendio de teología*

El *Compendio* fue presentado inicialmente como un sistema teológico. Observando la organización de los temas, encontramos que el *Compendio* básicamente presenta la verdad revelada, de forma tal que

---

6   John Hannah, «Scofield, Cyrus Ingerson». En Mal Couch, (ed.), *Diccionario de teología premilenarista,* pp. 422-426.

7   Binney-Steele, *Compendio de teología,* 1877, pp. i-ii.

permita un mejor entendimiento teológico sin disociarse del mundo en el que se vive. No obstante, la obra como literatura teológica, refleja el espíritu de la teología en la segunda mitad del siglo XIX. La sistematización de la teología fue una preocupación propia de la escolástica protestante de la Modernidad, que procura sustentar las verdades cristianas recurriendo a un manejo racional de las evidencias bíblicas y extrabíblicas. No es extraño que un compendio dirigido, entre otros, a estudiantes de teología, proponga un sistema teológico relacionado con la teología bíblica y exegética, la apologética, la teología histórica, la teología práctica y la ética teológica.

El *Compendio* de Binney, publicado como *Binney's Theological Compend*, que comenzó a ser editado teniendo como autores a Amós Binney y Daniel Steele, es una de las obras teológicas citadas por Henry Wheeler, en su *History and Exposition of the Twenty-Five Articles of Religión of the Methodist Episcopal Church,* publicado en 1908. Wheeler cita del *Compendio*, editado en New York en 1875, por Nelson & Phillips. Esta obra reconoce la opinión del *Compendio* respecto a la sabiduría como atributo moral, y las bases bíblicas implícitas en la resurrección de Cristo.[8] Wheeler considera a los autores que cita en su obra, como «autoridades metodistas en saber y doctrina».[9] Esto ubica al *Compendio* entre las obras teológicas breves y básicas en el metodismo a fines del siglo XIX.

Lo diferente en el *Compendio* es que presenta un sistema de teología que reúne la teología bíblica con la ética cristiana. Se distancia de otros manuales como el de Juan S. Banks, publicado en 1897 para el público norteamericano, en el que se sistematiza la relación entre la teología bíblica y la histórica.[10] La teología de la santificación encontró en el trabajo de Binney-Steele la posibilidad de efectuar una innovación sistemática, sin desmerecer la apologética y las instituciones, teniendo como eje la relación entre teología y ética. Es en esta correlación donde la escatología, como veremos más adelante, va a ser fundamental porque la concepción posmilenarista como vimos anteriormente va

---

[8] Henry Wheeler, *History and Exposition of the Twenty-Five Articles of Religion of the Methodist Episcopal Church,* pp. 59, 95, 383.

[9] *Op. cit.,* ix.

[10] Juan S. Banks, *Manual de doctrina cristiana,* pp. 43-44.

acompañada de la idea del progreso humano en la historia. La teología de la santificación, en lo que podría llamarse su fase posmilenarista, veía su énfasis de la santidad individual y social en una traducción de la ética del reino de Dios, cuyos signos eran promovidos como algo fundamental en el quehacer misionero. Y visto como avance del reino hacia su consolidación.

El *Compendio* no se limita a la exposición doctrinal y moral; ofrece preguntas para ampliar e incentivar la reflexión y profundización de los temas, considerando indirectamente algunas de las preocupaciones teológicas de la Modernidad y su sugerencia de cambios a la teología.[11] De sus advertencias a los lectores podemos extraer lo siguiente respecto a las presuposiciones de su teología, que mencionan su preocupación por las nuevas formas de ataque contra la verdad cristiana. Al respecto, escribe:

> No he encontrado cosa nueva esencialmente en la teología. El cristianismo no es una ciencia progresiva, sino un sistema de verdades objetivas, dado del cielo...[12]

Es evidente que está siguiendo un cuerpo doctrinal, del que se puede deducir un sistema teológico ordenado, como el que presenta el *Compendio*. Los elementos nuevos le eran aceptables en cuanto no modificaban lo esencial de la teología, lo cual no acepta como teología provisional, sino como «el perfecto don de su perfecto Dador».[13] Por otro lado, la idea de inducir una teología desde novedades[14] como la experiencia religiosa, para los autores del *Compendio* podría conducir también a una teología provisional, lo cual les parecía negativo. Por ello, se puede comprobar el estilo apologético, especialmente en las dos primeras partes, «Las evidencias de la religión» y «Doctrinas del cristianismo». La teología del *Compendio* siguió respondiendo al método teológico que trataba de sobrevivir en la Modernidad de fines del siglo xix. Es una teología deductiva, que desprende sus conclusiones de proposiciones infalibles a partir de las Sagradas Escrituras.[15]

---

[11] *Op. cit.*, p. 3.
[12] *Op. cit.*, pp. 3-4.
[13] *Ibid.*
[14] *Ibid.*
[15] Alan Richardson, *La Biblia en la edad de la ciencia.* pp. 84-85.

Pese a la advertencia del autor a sus lectores respecto a la búsqueda de novedades en teología, el texto muestra una interesante forma de encarar el material doctrinal junto a una propuesta ética. La teología del movimiento de santidad fue adquiriendo a partir de esta obra una sistematización que integraba el énfasis del movimiento y la necesidad de una ética individual social, como consecuencia de una sana doctrina. En este texto, que combina teología y ética, había material suficiente para que el *Compendio* se afirmara como un texto válido para la formación de ministros en las misiones extranjeras.

Steele corrigió y aumentó todas las cuatro partes del *Compendio*, dando «lugar a nuevo contenido» desde la teología bíblica y omitiendo porciones de valor inferior. En aquello consistió la revisión.[16] En los criterios que siguió, la hermenéutica y la teología que ejercían control en su revisión traslucen una teología evangélica que mantiene elementos de la teología del pacto.[17] Su escatología favorece el progreso del reino del Mesías y su triunfo final en un tiempo milenario, en el que Cristo reinaría espiritualmente y probablemente no solo por mil años.[18] La segunda venida de Cristo posterior a este tiempo será para resucitar a los muertos y juzgar al mundo.[19]

Steele comparte con Binney el concepto de iglesia verdadera como pueblo de Dios sobre la tierra en todo período de tiempo y que tiene entre sus objetivos la administración de los sacramentos y la predicación de la Palabra como continuidad de lo encomendado por Cristo a los discípulos. La iglesia cristiana es la continuidad del pueblo de Dios, cuyo pacto con su pueblo se mantiene inalterable a pesar de haber cambiado el sello, la señal, o el símbolo del pacto de la circuncisión al bautismo.[20]

Estos dos aspectos, la escatología posmilenarista y los vagos recuerdos de una teología del pacto, vinieron a ser puntos de conflicto, especialmente en las misiones extranjeras en América Latina. El encuentro con la idea de un continente evangelizado y bautizado, que no daba muestras de que el evangelio hubiera afectado a la sociedad

---

16 *Ibid.*
17 *Op. cit.*, pp. 161-164.
18 *Op. cit.*, pp. 123-125.
19 *Op. cit.*, pp. 125-126.
20 *Op. cit.*, pp. 159-163.

y la cultura, no solo aumentó el antinomismo; mucho más, condujo a radicalizar posturas teológicas y a eliminar cualquier indicio doctrinal que legitime al catolicismo. De manera paralela, el avance de corrientes teológicas milenaristas producen un abandono de la relación entre la iglesia en la historia y el reino de Dios, y tras la Primera Guerra Mundial empieza a aparecer una visión pesimista respecto al progreso moral de la sociedad; ejercieron influencia especialmente en la idea del inminente establecimiento del reino de Dios en la tierra tras la segunda venida de Cristo, y hubo motivaciones suficientes para nuevas correcciones y adiciones por parte de los traductores, para las nuevas obras misioneras en Latinoamérica.

Debido a la preocupación por reflejar una postura escatológica premilenarista, que caracterizaba al conservadurismo teológico, y la necesidad de marcar una diferencia con el catolicismo, como evangélicos, se prefirió evitar la práctica del bautismo de niños siguiendo el espíritu del Congreso de Panamá.[21] Esto condujo a tener ediciones del *Compendio* injertadas de premilenarismo y anabaptismo, aunque la mayor parte del texto se ciñó a la organización original del sistema teológico, esto es: (1) evidencias de la religión, (2) doctrinas del cristianismo, (3) la moral cristiana y (4) las instituciones cristianas.

El sistema teológico propuesto en el *Compendio* empieza con una apelación a la razón con el propósito de evidenciar la veracidad y validez de la religión revelada. Una vez que se reconoce la revelación especial en la inspiración de las Sagradas Escrituras, se pasa a una exposición bíblico-teológica de las principales doctrinas cristianas. Para Steele, los elementos que el *Compendio* presupone necesarios para un cuerpo teológico estarían incompletos sin una propuesta moral, que manifieste la revelación de la voluntad divina y sin la claridad de los órdenes de la creación y una eclesialidad que exprese el espíritu de la Reforma, desde la visión puritana.[22]

Compendios contemporáneos, como el *Manual de doctrina* de Juan S. Banks,[23] organizan el material alrededor de la redención y,

---

21 Wilton M. Nelson, «*En busca de un protestantismo latinoamericano*», en CLAI, *Oaxtepec 1978*, p. 32.

22 Binney-Steele, *Compendio de teología* (1909), p. 153.

23 Juan S. Banks, *Manual de doctrina cristiana*, p. 4. Juan S. Banks, metodista, fue discípulo de William Burt Pope, autor de *A Compendium of Christian Theology*. La

por consiguiente, de la cristología. Después de una introducción a la teología, Banks divide el material en dos secciones: (1) doctrinas que se presuponen de la redención (la existencia divina, la revelación, los atributos, la creación y la providencia, el pecado); y (2) doctrinas de la redención (Cristo, la expiación, la experiencia de salvación, la iglesia y las cosas postreras). Aunque se aborda la temática eclesiológica, la ausencia de una propuesta ética es notable. Es pues significativo que Steele, al revisar el *Compendio,* suscribió un sistema que establecía la relación entre teología y ética. Mucho más, le permitía ser consecuente con una escatología cuya visión del reino mesiánico estaba ligada a un progreso de la moral.

Antes de continuar con una exposición de la escatología de Steele, consideremos la correlación entre la temática del *Compendio* y los temas recurrentes en la teología metodista-wesleyana, que favorecen una estructura al *Compendio:*

> Entre *la razón* y las evidencias
> Entre *la revelación* y las doctrinas bíblicas,
> Entre *la experiencia* y la moral
> Entre *la tradición* y las instituciones.[24]

El sistema del *Compendio* refleja una organización del material siguiendo estas cuatro áreas básicas en la hermenéutica metodista-wesleyana. Es evidente que el paradigma al que Steele se ciñe sigue una lectura de aspectos doctrinales, eclesiales y sociales de la época a la que esta teología procuraba responder, especialmente desde una escatología posmilenaria.

El *Compendio,* sumario o manual de teología o doctrina se ubica en la literatura teológica de fines del siglo XIX como uno de los textos teológicos que procuraban responder, a lo menos, a tres necesidades: resumir obras extensas, popularizar la teología o proveer de material breve para estudiantes y proveer de materiales para el estudio en las nuevas iglesia y obras misioneras. El *Compendio* de Binney-Steele no resume una obra más extensa, sino inicia la estructuración de lo

---

obra del inglés Banks, *Manual de doctrina cristiana* fue publicado en Norteamérica en 1897.

[24] Binney, Amos, *Compendio de teología* (1877), p. 1.

que Binney denomina un «sistema de teología» para el movimiento de santidad. Así titula a su *Compendio* en la edición de 1856: *The Theological Compend: Containing a System of Divinity*. Lo que era una especie de temas bíblicos y doctrinales fue transformándose en las diversas ediciones, en un texto de teología con el aporte de Steele, quien revisó, corrigió y aumentó el texto en todas sus partes y alcanzó la forma y estructura con la que hemos conocido.[25]

Un compendio pertinente para el desarrollo del movimiento de santidad

Un compendio para jóvenes, estudiantes de teología, maestros de escuela dominical, predicadores laicos, afroamericanos y misiones extranjeras

Inicialmente, el *Compendio* se organizó y editó en 1839 para servir en un primer momento como texto para el estudio entre los jóvenes,[26] en el contexto de la Iglesia Metodista Episcopal Norteamericana. Posteriormente, la edición de 1875 se concentró en la preparación de estudiantes de teología, maestros y predicadores liberados de la esclavitud y finalmente fue dedicado a las misiones extranjeras.[27]

La obra era usada en clases bíblicas entre los estudiantes de teología y los jóvenes predicadores laicos. Por ejemplo, estos tres destinatarios muestran lo que era el movimiento de santidad: iglesias donde el estudio de las Escrituras era necesario para las nuevas congregaciones que surgían a raíz de la agitación social; un movimiento educativo para la formación teológica en colegios y universidades; y también un movimiento laico sin mucha educación, embarcado en el apremio misionero.

El hecho que, hasta 1875, se lograron vender unos treinta y cinco mil ejemplares del *Compendio* es importante para la época. La popularidad del *Compendio* se fue ampliando y se exigía que las ediciones

---

[25] Binney-Steele, *Binney's Theological Compend*, (1902), p. 12. Binney-Steele *Compendio de teología* (1909), p 9.

[26] Binney-Steele, *Binney's Theological Compend*, (1902). Preface to the First Edition, pp. 7-9.

[27] Binney-Steele, *Compendio de teología*, (1909), pp. 9-11.

se adapten a un público más amplio. Esto incluyó a las nuevas iglesias, surgidas del movimiento de santidad, que encontraban en el *Compendio* un material valioso para la confirmación de su teología. Las primeras ediciones fueron dirigidas principalmente a los jóvenes. En el prefacio a la primera edición de 1909, trascrito de la edición de 1902, Binney traza así los primeros objetivos de su obra: (1) Fortalecer el pensamiento de los jóvenes por medio de un plan conciso de *declaraciones de los principales argumentos a favor del cristianismo, amparadas por referencias a la infalible Palabra de Dios. (2) Recolectar y comprimir* en un texto conciso, hasta donde fuere posible, los más convincentes *argumentos,* presentados por los mejores escritores, dando evidencia de la verdad del cristianismo, de sus doctrinas y moral.[28]

Las ediciones posteriores a la Guerra de Secesión (1861-1865) y la consecuente abolición de la esclavitud de cuatro millones de esclavos afroamericanos en Norteamérica, tuvieron en consideración esta nueva realidad.[29] Steele, nacido en Nueva York, comparte, al parecer, las ideas antiesclavistas. Su revisión sería fundamental cuando aumentó la necesidad de preparar maestros de escuela dominical, y *maestros y predicadores libertos.* El *Compendio* vino a ser muy útil para cubrir esta necesidad, pero fue necesario que se revisara toda la obra.[30] El *Compendio* en esta fase de revisión recibió nuevo material, algunos puntos se omitieron, y otros se revisaron y ampliaron. Para 1875, la editorial Nelson & Philips registró los derechos del *Compendio.*[31]

El *Compendio* como una teología para la misión en Latinoamérica

La última necesidad por el *Compendio* fue generada por las misiones extranjeras. Para 1877 ya había disponible una traducción al español y primera edición publicada por la Imprenta Metodista Episcopal de México. Esto a pocos años de haberse establecido en ese país, juntamente con los peregrinos y los nazarenos,[32] cuerpos eclesiales

---

28 Binney-Steele, *Binney's Theological Compend,* (1902). Preface to the First Edition, pp. 7-9.

29 Binney-Steele, *Compendio de teología,* (1909), p. 9.

30 Binney-Steele, *Compendio de teología* (1877), p. 3.

31 Binney-Steele, *Binney's Theological Compend* (1902) p.2

32 Donald W. Dayton, «*Iglesias metodistas de* EUA» pp. 722-724, y Manuel V. Flores,

del movimiento de santidad. El sistema teológico propuesto en el *Compendio* reunía los elementos necesarios para preparar a maestros y predicadores para las nuevas iglesias, que se fueron estableciendo mayormente entre sectores campesinos de escasa educación. En el caso del Perú, la primera congregación de la Iglesia de los Peregrinos se funda en Zaña, un pueblo colonial que albergó a esclavos libertos, de la zona norte del país.[33]

El trasfondo del movimiento de santidad, encuentra su origen en el seno de iglesias como la metodista, la congregacional y la presbiteriana, con una amplia herencia eclesial y teológica. La teología que comenzaba a emerger enfatizaba básicamente el tema de la santificación, pero conservaba la estructura teológica siguiendo el metodismo-wesleyano y su ética, con sus implicaciones sociales. Desde esta perspectiva, el *Compendio* satisfacía las expectativas de las nuevas congregaciones de santidad en América Latina.

Hasta la década de 1920, el movimiento de santidad en América Latina se perfilaba como una iglesia cuya teología y práctica misiológica era contextual. En el *Compendio* se introducía el factor del hecho religioso, el lugar de la revelación, la consistencia de la doctrina cristiana escritural; además de la propuesta moral cristiana pertinente al contexto y la naturaleza específica de las práctica y organización eclesial, que daba lugar al ministerio de la mujer en la iglesia.

En el manual de la Iglesia de los Peregrinos, revisado por la Conferencia General de 1946, al establecer el curso de estudios para ministros en el segundo año se siguió recomendando el estudio del *Compendio de teología* de A. Binney y D. Steele,[34] considerando la versión original con sus correcciones y adiciones que se consignaron en la traducción y edición mexicana de 1877. Sin embargo, el premilenarismo ya se había consignado en el artículo 16 de su Declaración Doctrinal,[35] que venía siendo promovido por el cuáquero Seth Cook Rees (1854-1933), fundador de la Unión Internacional de Santidad, quien estaba más vinculado a la corriente proveniente

---

«México» en Wilton M. Nelson, (ed) *Diccionario de historia de la iglesia*, pp. 124- 126.

[33] Merton R. Rundell, Jr., *The Mission of the Pilgrim Holiness Church in Peru*, p. 55.

[34] *Manual de la Iglesia de los Peregrinos*. Revisado por la Conferencia General de 1946. p. 148

[35] *Ibid.*, p. 24

del avivamiento de Oberlin, y promovido por Charles Finney desde la década de 1820, y el avivamiento de Keswick, seguido por Albert Benjamin Simpson a fines del siglo XIX, ambos avivamientos en escenarios de trasfondo reformado presbiteriano.[36]

El surgimiento de una teología de santidad para la misión

Los autores del *Compendio* poseían un considerable sentido de responsabilidad por la actualización de la obra en cada edición, deseaban una versión definitiva sin «nuevos vestidos» y que sirviera a la misión por todo el mundo, llevando el evangelio.[37] Pero los cambios eclesiales y contextuales obligaron especialmente a Steele a realizar modificaciones pertinentes al último cuarto del siglo XIX, que estuvo marcado por cambios importantes en la vida y misión de la iglesia y en su quehacer teológico. Estos cambios fueron reconocidos mediante una nota que figura en las dos versiones en inglés, aclarando que habían realizado modificaciones al *Compendio*, pero sin alterar el cimiento bíblico de la teología del *Compendio*. En la primera página de la obra aparecen las citas de Isaías 8.20 y Hechos 17.11, las cuales son fundamentales para comprender lo que se propone hacer teológicamente, volver «a la ley y al testimonio» y «escudriñar cada día las Escrituras para ver si las cosas son así». Esto refrenda a las Escrituras como punto de partida de su teología. Esta es una clara respuesta a la búsqueda en otras fuentes espirituales.[38] Es notorio que estos lemas no fueron mantenidos en las ediciones en español posteriores a la de 1902.

Por esto, antes de puntualizar los cambios al *Compendio* realizados en las traducciones y ediciones al español, consideremos lo que viene a ser la primera actualización explícita y que fue realizada para la edición en inglés registrada en 1902. Fue necesario actualizar la edición debido al uso de abundantes referencias bíblicas y ante la aparición de nuevas versiones de la Biblia; una nueva versión de la King James, la

---

[36] Timothy Smith, *La historia de los nazarenos*, p. 319.
[37] Binney-Steele, *Binney's Theological Compend* (1902), p. 12.
[38] *Op. cit.*, p. 1.

English Revised Version (1881-85) y otra la *American Standard Revised Bible* (1901). Steele considera que estas son «versiones notables» que deben ser consideradas. Esta nota refuerza la intención del autor, que es mostrar un sistema teológico comprobando exegéticamente lo que dice la Biblia al respecto.[39] De esta manera, presenta el sustento y punto de partida para el quehacer teológico, donde la teología bíblica en el *Compendio* sigue siendo tanto explícita como implícita.

En el prólogo al *Compendio de teología* de Binney-Steele en la edición en español de 1877, destaca la acogida inesperada a la publicación, también en las traducciones al sueco, árabe y chino. La acogida del *Compendio* en las misiones extranjeras se debió a sus exposiciones comprensivas y concisas de la verdad cristiana y en especial a su propuesta ética. Lo más significativo en el *Compendio* ha sido, evidentemente, la sección sobre moral cristiana, la inclusión de la sección sobre las instituciones del cristianismo y la participación de la mujer en la iglesia. Este último es un tema que Steele introdujo y que no aparece en la edición original de Binney, lo cual responde a la importancia que tuvo el ministerio de mujeres en el movimiento de santidad. Respecto al papel que juega la mujer, Steele comenta: «Esta no se limita a los deberes de la familia o el hogar, puesto que en muchos casos posee aptitud, por la naturaleza y por la gracia, para un servicio más amplio».[40]

En la edición de 1935 del *Compendio* en español, se le añade un subtítulo *Compendio de teología o ¿Qué dice la Biblia?*[41] Es preciso recordar que Steele fue profesor de griego del Nuevo Testamento en la Escuela de Teología de la Universidad de Boston, por lo que es notorio su interés en un acercamiento a una buena traducción[42] y a un adecuado uso contextual de las referencias al texto bíblico, para lo cual emplea preguntas inductivas, que desde el texto original de 1839 fueron colocadas al pie de la página. Estas preguntas algunas ediciones las entretejieron con el texto principal. La modificación que experimentó el *Compendio* fue el resultado de la hegemonía de una

---

[39] *Ibid.*

[40] *Op. cit.*, pp. 173-174. Ver también el capítulo «The Evangelical Roots of Feminism», en el libro de Donald W. Dayton, *Discovering an Evangelical Heritage*, pp. 85-98.

[41] Binney- Steele, *Compendio de teología* (1935), p. 1.

[42] Binney-Steele, *op. cit.*, (1902), p. 32.

de las dos corrientes en el quehacer misionero en América Latina, del protestantismo de la santificación: una corriente metodista-wesleyana, o de la «escuela de justificación», cuya expresión es la edición de México, que conservó el texto original y el posmilenarismo; la otra corriente hegemónica fue la arminio-wesleyana, a partir de la edición de Buenos Aires, que fue la que modificó el texto con la introducción del premilenarismo dispensacional y el recorte de la historia de la salvación desde una teología del pacto.

Otro aspecto no menos decisivo habría sido la visión en torno a la misión y la evangelización según la perspectiva del posmilenarismo.[43] El autor, como un tributo a la literatura teológica y motivado por la acogida, determinó que su obra fuese perfeccionada por medio de una empeñosa y completa revisión de la obra. El objetivo fue dar lugar a un nuevo material, omitiendo porciones consideradas desde el premilenarismo como de menos valor. Fue el quehacer misionero el que lo indujo a estos cambios, teniendo en cuenta nuevos receptores en la teología gestada en otras circunstancias. En el movimiento de santidad convivieron las dos escatologías como lo veremos más adelante en la teología sistemática de Aaron Hills (1848-1935).

Las primeras revisiones, como hemos venido observando, tuvieron que ver con la necesidad de sostener un discurso teológico-ético que no contribuyera a la discriminación racial, ni de la mujer y del laico, sino que contribuyera a la superación de los libertos de la esclavitud, en el marco del desarrollo eclesial diversificado. A partir del prólogo de la edición en inglés de 1875, se añade lo siguiente al prefacio del *Compendio* de Binney, según su versión corregida y aumentada y publicada en español en 1909, en México:

> La emancipación de cuatro millones de esclavos en América ha creado y aumentado la solicitud de esta obra utilísima para la preparación de maestros de escuela dominical, maestros y predicadores entre los libertos.[44]

La problemática de la iglesia ante la abolición de la esclavitud y la realidad de la población, que vino a ser el componente afroamericano

---

43 George L. Murray, *op. cit.*, p. 95.
44 Binney-Steele, *Compendio de teología* (1909), p. 9.

en la sociedad estadounidense, se refleja no solo en este prólogo. Un interesante comentario respecto al matrimonio nos demuestra la manera en que Steele fue sensible a los problemas contextuales, tras la Guerra de Secesión:

> Dios no ha prohibido el matrimonio unos con otros, de ninguno de la familia humana, por razón de raza, condición o color, sino por el contrario, ha condenado vehementemente toda preocupación con respecto a esta práctica.[45]

Los cambios del que fue siendo objeto el *Compendio* respondieron a situaciones contextuales. Binney fue profesor en la Universidad de Syracuse, que desde sus inicios estuvo dedicada a la educación de los afroamericanos. Esto lo impulsa a revisar su idea de una versión definitiva del *Compendio*. Anteriormente, Binney afirmó que la teología cristiana no es una «ciencia progresiva»,[46] pero el nuevo escenario sociopolítico termina sorprendiéndolo con la necesidad de actualizar y descartar temas que han dejado de ser pertinentes. Al final, después de agradecer especialmente las mejoras sugeridas y la revisión del *Compendio,* especialmente la introducción de la escatología posmilenarista en la edición de 1875,[47] Steele ofrece una invocación sorprendente en su libro:

> Jamás vuelvas a mí, pidiéndome nuevos vestidos para proseguir en el viaje por todos los pueblos del mundo llevando el precioso evangelio.[48]

Las modificaciones que Steele realizó conformaron un texto abierto al progreso de la interpretación bíblica en nuevos contextos y nuevas lecturas teológicas, respecto a la teología y ética del movimiento. Esto no

---

[45] Binney-Steele, *Compendio de teología* (1877), p. 151. La edición de 1984, prefiere usar «prejuicio» en lugar de «preocupación». En la versión en inglés de 1902 la palabra en inglés es *prejudice*, p. 139.

[46] Binney-Steele (1877) , p. 3.

[47] En la edición de 1846 su escatología no incluía el milenarismo, la edición de 1875 de la que Steele es coautor contiene la escatología bajo el título «El reino del Mesías: su progreso y triunfo final». Los cambios premilenaristas fueron posteriores y al parecer el ensayo *«Why I am not a Premillennialist»*, publicado en 1911 nos indicarían que fueron cambios que no concordaban con su escatología.

[48] Binney-Steele (1909), p. 11.

ha llegado a ser asumido suficientemente en el movimiento de santidad en América Latina, al punto que la traducción y edición mexicana quedó relegada porque mantuvo el posmilenarismo y el bautismo de niños. Hay dos temas en conflicto. El primero, de carácter ideológico frente al modernismo y la idea del progreso, un sector del movimiento de santidad sacrifica las implicaciones éticas del posmilenarismo coincidentes con la práctica de la santidad y prefiere apoyar una obra misionera de santidad con escatología premilenaria. El segundo tema es de carácter sociorreligioso y por consiguiente misiológico, el bautismo de niños legitimaba el bautismo católico y lejos de verlo como un puente para la reevangelización, se lo vio simplemente como una práctica católica romana, sin tener en cuenta su conexión con la teología y la visión bíblica de la historia de la salvación. Esto, como veremos más adelante, desconectó la praxis socio-ética de su soporte escatológico y, asimismo, trasladó a un buen sector del movimiento de santidad y posteriormente de la pentecostalización al anabaptismo y de esta forma produjo una ruptura con lo evangélico reformado. Solo cuando se comienza a redescubrir la herencia socio-ética de la Reforma radical, los de santidad y de la pentecostalización van dando sustento histórico-teológico a la praxis social, que había sido abandonada a fines de la década de 1930.

La teología para la misión y el factor religioso: la edición de México de 1909

Binney y Steele se plantearon la necesidad de una teología para la misión, que fuera una «exposición amplia y sin embargo concisa…, eminentemente adaptada para el uso de… misiones extranjeras».[49] Con este propósito «revisaron», «aumentaron» y «omitieron»,[50] temas que consideraron pertinentes. Los traductores y editores de la edición de México (1877), así lo consideraron. La Iglesia Metodista se estableció en México 1874 y unos años después los peregrinos y nazarenos,[51] de la familia de iglesias de santidad.

---

49 Binney-Steele, *Compendio de teología* (1984), p. 5.
50 *Ibid.*
51 Manuel V. Flores, «México» , en Wilton M. Nelson, (ed.*) Diccionario de historia de la iglesia*, pp. 124-126. Ver también Jean-Pierre Bastian, *Los disidentes*, p. 56.

La traducción y edición del *Compendio* en 1877 no tuvo cambios significativos. La actualización de las versiones y el comentario sobre las versiones de las Sagradas Escrituras fueron las únicas actualizaciones. El traductor al español para la edición de México añade una sección dedicada a las versiones españolas. La edición de 1877 no consignó información aún sobre la revisión de 1862 de la Reina-Valera. La edición de 1602 era la versión de «uso común entre las iglesias evangélicas españolas y mexicanas».[52]

En la edición mexicana del *Compendio* de 1909, igualmente no se mencionan las otras revisiones de la Reina-Valera, después de 1602, ni el avance del trabajo para la revisión de la Reina-Valera que se publicó en 1909. Sin embargo, fue añadido un párrafo comentando la Versión Moderna de Juan Pratt, publicada en Nueva York en 1893 y la Versión de Felipe Scio de San Miguel, publicada en 1793 en Madrid, y se la menciona como la «versión autorizada de la Iglesia Católica».[53] Esta versión fue utilizada por las Sociedades Bíblicas para su difusión en los países de habla hispana.[54] La Versión Moderna fue discutida en las ediciones en español del *Compendio*. La edición de 1984 en español, basada en la de 1935 y 1946, no alcanzó a ser mejorada, y la traducción se realizó fuera del contexto de América Latina.[55] En la edición de 1909 se afirma que las versiones están plagada de errores, pero incuestionablemente su mensaje es beneficioso para la familia humana.[56] Sin embargo, Luis D. Salem consideró que la publicación de la Reina-Valera, por su estilo y fidelidad a los originales, es considerada una de las mejores versiones en español.[57]

La escatología posmilenaria quedó tal como había sido desde la primera edición y se había conservado en la edición en inglés de 1875.[58] Que fue la misma propuesta que se preservó en la edición de

---

[52] Binney-Steele, *Compendio de teología* (1877), p. 21.

[53] *Ibid.*

[54] Luis D. Salem es el seudónimo de Aristómeno Porras y que lo ha usado en algunas obras. «Versiones castellanas de la Biblia» en J.D. Douglas (ed.), *Nuevo diccionario bíblico*, pp. 1403-1407.

[55] Binney-Steele, *Compendio de teología* (1984), p. 27.

[56] Binney-Steele, *Compendio de teología* (1909), p. 35.

[57] Luis D. Salem, *op. cit.*, p. 1404.

[58] Binney-Steele, *Compendio de teología* (1877), pp. 123-125.

1902, cuyos derechos fueron registrados por Daniel Steele ese mismo año. El metodismo, muy a pesar de las conexiones entre el bautismo de niños, católicos y protestantes en la cultura latinoamericana, continuó manteniéndolo como un sacramento fundamental a su identidad histórico-teológica protestante. Siguieron la fórmula que igualmente fue conservada por la Iglesia de los Peregrinos y los Nazarenos, en su declaración de fe: En la iglesia se realizará el bautismo de adultos, pero «se conservará en el bautismo de los niños».[59]

Del bautismo de niños al anabaptismo en la traducción de Buenos Aires de 1935

El protestantismo de la santificación es un movimiento que se gestó al interior de iglesias tradicionales, mayormente metodistas, presbiterianas y congregacionalistas, en el último cuarto del siglo xix, como una reacción a situaciones espirituales y éticas que condujeron a la práctica de tener esclavos, la indiferencia hacia los menesterosos, y la deshonestidad.[60] El movimiento de santidad promovía la vida cristiana con una mayor santidad ética, una experiencia cristiana más elevada, una vivencia completa o perfecta del evangelio, que llevaría al siglo de progreso espiritual.[61] Daniel Steele fue integrante de este movimiento y, además, fue profesor de la cátedra de griego del Nuevo Testamento y de Teología Sistemática, en la Universidad de Boston.[62]

El movimiento de santidad no solo procuró la restauración de la pentecostalidad de la iglesia del primer siglo, sino también la apostolicidad, esto es la misión de llevar el evangelio a todo el mundo como tarea ineludible. Era un volver a las señales antiguas.[63] La teología de la santificación discutió y confrontó diversos temas, pero mantuvo un cuerpo doctrinal vinculado principalmente a la teología metodista y a su herencia anglicana y finalmente reformada. Una enseñanza fundamental era la lectura de la historia de la salvación y los resultados

---

[59] H. Wheeler, *op. cit.*, p. 295. Ver *Manual de la Iglesia de los Peregrinos*, p. 23; *Manual de la Iglesia del Nazareno*.

[60] T. Smith, *La historia de los nazarenos*, p. 11. Ver D. Dayton, *Raíces teológicas del pentecostalismo*, pp. 39-40.

[61] *Op. cit.*, p. 12.

[62] *Op. cit.*, p. 20.

[63] *Op. cit.*, p. 22.

prácticos de dicha lectura. La posterior escatología del premilenarismo dispensacionalista llegó a ser un sistema hermenéutico que terminó afectando no solo la relación entre el posmilenarismo y la ética social, sino que también trajo consecuencias respecto a la eclesiología y los medios de gracia.

Los misioneros tuvieron que fusionar la nueva escatología del premilenarismo, que enseñaba el inicio de la iglesia en los Hechos de los Apóstoles y rompía con la interpretación de una continuidad del pacto de Dios con su pueblo, que había pasado de la circuncisión del antiguo pacto al nuevo, cuya señal era la práctica del bautismo y que incluía el bautismo de niños. El *Compendio* de Binney-Steele comprendió la necesidad de esta continuidad histórica y eclesiológica como consecuencia de su concepción de la historia de la salvación, como una historia que continúa unida por un pacto que Dios renueva con su pueblo. El dispensacionalismo no ve a Israel y la iglesia como un solo pueblo de Dios, y consideraba que no podía haber continuidad entre la comunidad de Israel y la de los primeros discípulos. Según el dispensacionalismo, se da una ruptura en la comunidad posterior a Pentecostés entre Israel y la iglesia. Por ello, aparece una división dualista. La iglesia está relacionada a una trascendencia espiritual, mientras que Israel está ligada a un proyecto terrenal y temporal.[64] Esto es algo que Steele debate en *A Substitute For Holiness*, que hemos considerado en el capítulo anterior.[65]

Esta ruptura con la continuidad histórica del pacto fue una consecuencia que sacrificó el vínculo con la tradición reformada. La adopción del premilenarismo significó no solo el alejamiento de la idea del progreso moral de la humanidad sino además de la visión lineal de la historia. El premilenarismo dispensacional se guía por una deducción y síntesis interpretativa «transhistórica».[66] El movimiento misionero de santidad, contradiciendo lo que se había preservado en la Declaración de Fe y los Manuales de las Iglesias, que decían al hablar del bautismo de niños, que se debía «preservar en la iglesia», optó por erradicar toda práctica respecto al bautismo de niños y solo conservar la sección

---

64 Andrés Kirk, *La interpretación bíblica de C.I. Schofield*, p. 1-2.

65 Daniel Steele, *A Substitute for Holiness*, p. 223, ver esquema.

66 Andrés Kirk, *op. cit.*, p. 2.

correspondiente a la enseñanza de dicho bautismo.[67] Las ediciones del *Compendio* en español de 1877, 1909 y la de 1902 en inglés conservan la sección respecto al bautismo de niños, que el traductor de la versión en español realizada para la edición en Buenos Aires omitió. ¿Qué decía esta sección? A continuación, una síntesis de lo que se había omitido:

> En cuánto a los candidatos aptos para el bautismo, son admisibles los párvulos y todos los adultos creyentes que no han sido antes bautizados.
>
> Que los adultos deben **creer** para bautizarse consta del hecho de que las Escrituras exigen fe en tales casos y de los que creían se bautizaban.
>
> Sal. 1,16; Hech. ii, 41, viii, 12, 37; xvi, 31-33.

A continuación la sección omitida:

> Al tratar las Escrituras de la fe como requisito para el bautismo o la salvación, se refiere solamente á adultos, o a los que sean capaces de creer. Mar. xvi, 16.
>
> Que el requisito de la fe no puede exigirse de los párvulos, es evidente del hecho que la falta de fe verdadera, que inhabilita para el bautismo; excluye así mismo de la salvación. Mar. xvi, 16; Juan iii, 18, 36.
>
> Que los párvulos sean candidatos legítimos para el bautismo, es claro, por cuanto que,
>
> 1. La Iglesia Cristiana es continuación de la Iglesia Judaica y el pacto permanece lo mismo á pesar de haberse cambiado el sello, o símbolo. He. viii, 6-13.
> 2. La señal del pacto en la iglesia Judaica fue la Circuncisión, que se administraba á los párvulos por mandato divino, y de esta manera se hacían miembros de la iglesia. Gen xvii, 9-14.
> 3. El bautismo se ha sustituido ya en lugar de la Circuncisión; y puesto que el derecho de los párvulos á ser miembros de la iglesia nunca se ha abrogado, inferimos que debían todavía recibí el sello del pacto. Col. ii, 10-12. Caso de que los hijos de los fieles judíos habían quedado excluidos del pacto

---

[67] Binney-Steele, *Compendio de teología* (1984), p. 146.

nuevo, semejante limitación de derecho había llamado la atención; pero á pesar de que se trataba de asuntos de menor importancia, esta cuestión pues nunca se suscitó. Hech. xx, 20; por consiguiente, se infiere que los párvulos no fueron excluidos del pacto nuevo.

4. Que los párvulos deben recibirse en la Iglesia, y en su consecuencia ser bautizados, se infiere además de las Escrituras siguientes: Isa. xliv, 3; lix, 21; Joel ii, 28; Mat. xviii, 1-4; xix, 13, 14; Hech. ii, 38, 39; I Chor. vii, 14.

5. La costumbre de los apóstoles es otra prueba más, según consta del registro de sus bautismos, no menos de cuatro familias se cuentan como bautizadas: la de Cornelio, de Lidia, del carcelero y de Estéfanes. Cuando reflexionamos que los ancianos no se convierten fácilmente, es bien probable, que los jóvenes, y que había párvulos entre aquellas familias. Hech. 16, 15-33; I Chor 1, 16.

6. Todos los antiguos escritores de distinción hacen mención de la práctica por los apóstoles; ni se negaba ni se oponía de parte de ninguno hasta el siglo duodécimo después de Cristo, cuando la secta que se llama de los Valdesianos negó el rito a los párvulos, so pretexto de que todos estos estaban condenados, doctrina por cierto no de Cristo. Cl. 18, 15-17, sino de demonios, I Tim. 4; II Ped. 2, I.

7. Ciento cincuenta años, nomás después de muerto San Juan, un concilio de sesenta y seis obispos acordó, de común acuerdo, que «el bautismo de párvulos desde su nacimiento, como había sucedido respecto de la circuncisión, sino que se les podía administrar desde luego. «La cuestión que resolvían no era si los párvulos debían ser bautizados, sino si se debían bautizar antes de los ocho días de su edad.

8. Verdad es que no hay mandamiento positivo que los párvulos se bautizan, ni hay ninguno en contra de ello, como lo había habido caso de que Cristo tuviese a bien asentar los derechos de los padres de familia Judaica bajo pacto Abrahámico. Ni tampoco lo hay a favor de santificar el primer día de la semana, o para el culto de familia, o para

> que tomen las mujeres la Cena del Señor. La razón es clara y
> es esta: que no había controversia que lo exigiese.
>
> 9. Se supone que todos los que así dedican sus hijos a Dios,
>   bien sea por la circuncisión, o bien por el bautismo, tomen
>   sobre si la obligación correspondiente de educar a sus hijos
>   en el servicio de Dios, doctrinándoles en todas creencias y
>   deberes de la verdadera religión. Deut vi, 7; Gen xviii, 19;
>   Efes vi, I , 4.[68]

Luego, siguen argumentos históricos de la práctica apostólica, del testimonio histórico de los escritores antiguos, respecto a la práctica apostólica. Finalmente concluye esta sección con dos afirmaciones: (1) «Verdad es que no hay mandamiento positivo que los párvulos se bautizan, ni hay ninguno en contra de ello...». (2) «se supone que los que así dedican a sus hijos á Dios, bien sea por la circuncisión, o bien por el bautismo, tomen sobre sí la obligación correspondiente de educar a sus hijos en el servicio de Dios, doctrinándolos en todas las creencias y deberes de la verdadera religión. Deut. vi, 7; Gen. xviii, 19; Efe. vi, 1, 4».[69]

El *Compendio de teología* de Binney-Steele y posteriormente H. Wheeler (1908) en su *History and Exposition of The Twenty-Five Articles of Religion of the Methodist Episcopal Church*, siguen a los Artículos de Religión de la Iglesia de Inglaterra (1563), que abarcan mayormente las doctrinas cristianas católicas y reformadas de las Escrituras: la trinidad, la salvación, los sacramentos y el ministerio de la iglesia, como una afirmación ante el extremismo católico romanista y el anabaptismo.[70] El artículo 28 del Libro de Oración inglés de 1553,

---

[68] Binney-Steele, *Compendio de teología* (1877) pp. 161-163. La ortografía pertenece al texto citado. Nota del editor: El lector notará que la cita del *Compendio* de 1877 es algo incoherente en muchas partes. No me refiero tanto a la ortografía sino a la sintaxis. Se debe tener presente que, ya para 1877, el español era bastante uniforme en todo el orbe hispánico y que las incoherencias que encontramos en el *Compendio* de dicha fecha no son tantos asuntos diacrónicos del español sino más bien una fuerte influencia que ejercía el inglés sobre el español evangélico emergente, y que ya desde aquellos tiempos se iba imponiendo en el lenguaje evangélico.

[69] *Op. cit.*, pp. 163-164.

[70] Stephen S. Smalley, «Treinta y Nueve Artículos» en Wilton M. Nelson, *Diccionario de historia de la iglesia*, p. 1023.

modificado en 1562, entre otros, fueron abreviados por Juan Wesley, en el siguiente artículo:

> ARTÍCULO XVII del bautismo. El bautismo no es solo un signo de profesión y marca de la diferencia por lo cual los cristianos son distinguidos de otros que no son bautizados; también es un signo de regeneración o el nuevo nacimiento. El bautismo de niños será preservado en la Iglesia»[71]

Notemos considerando el caso de la Iglesia de los Peregrinos, denominada en sus inicios: Iglesia Peregrina del Pentecostés,[72] cómo su Declaración de Fe conservó esto que G.W. Bromiley, citado por Smalley, considera una norma bíblica y apostólica.[73]

> ARTÍCULO 14. Los sacramentos. Sección 18 – El Bautismo – Es una señal exterior de la obra interior del Espíritu Santo en el alma. En cuanto al modo, se dejará a cada quién que lo resuelva de acuerdo con su conciencia, y ningún predicador o laico insistirá sobre determinada forma. Se conservará en la iglesia el bautismo de los niños. (Mat. 28:18; Hechos 2:38; Col 2:12; Hechos 8:36-38; 16:33; 1 Ped. 3:21).[74]

Un tema que merece considerar aquí, es el primer alejamiento del carisma de la glosolalia, de la pentecostalización, que empieza al interior del movimiento de santidad durante los primeros años de 1900,[75] que fue seguido dos décadas después por un alejamiento de la línea central de la Reforma y una radicalización del dispensacionalismo y el arminianismo, en el contexto del fundamentalismo teológico. La teología de la santificación, luego de la década de 1930 y por medio de la influencia de estas corrientes en la formación básica para el ministerio de cientos de pastores laicos y ministros ordenados de las iglesias de

---

[71] H. Wheeler, *op. cit.*, p. 295. ver *Artículos de religión de la Iglesia Metodista* (1808) citados por Fernando Santillana, *Conceptos doctrinales y principios teológicos*, p. 26.

[72] *Manual de la Iglesia de los Peregrinos*, p. 10.

[73] Stephen S. Smalley, *Ibid.*

[74] *Op. cit.*, p. 23.

[75] Donald Dayton, *Raíces teológicas del pentecostalismo*, pp. 58-60; Pablo A. Deiros y Carlos Mraida, *Latinoamérica en llamas*, p. 50; Oswaldo Fernández, *El trasfondo de las misiones en el norte peruano*, p. 31; Douglas Petersen, *No con ejército ni con fuerza*, p. 40. David Martin, *Tongues of Fire*, pp. 28-30.

santidad, fue instalando un pensamiento teológico y misiológico radicalmente antimundano y antiacadémico, que rompió su relación con la cultura y la sociedad, y que producto de ello se manifestaron los cambios que aparecen en la traducción del *Compendio de teología*, edición de 1935. Esta teología de la santificación, adaptada al quehacer misionero, a la corriente teológica antimodernista y a la crisis de la ideología del progreso, fue la que impuso la escatología premilenarista dispensacional, que estaba presente en la teología de Steele durante el surgimiento de la teología de la santificación.[76]

Elementos teológicos anglicanos, wesleyanos, metodistas, pente-costales, anabaptistas y dispensacionalistas pueden ser identificados en el que fue y sigue siendo uno de los textos de formación más importantes del movimiento de santidad. En este estudio seguimos la transversalidad e interdependencia entre la escatología y la ética del sistema del *Compendio* según su versión original, y las repercusiones de los posteriores cambios en la escatología realizados por los traductores en 1935, quienes al parecer solo tuvieron interés en identificarse como evangélicos, anticatólicos romanos, y que tomaron como referencia el anabaptismo y una postura escatológica premilenarista, con escaza preocupación por la transformación sociocultural.

Los traductores de la edición en español realizada en Buenos Aires en 1935 y 1946, no se preocuparon, como lo hicieron los traductores de la edición mexicana, en incluir una actualización sobre las nuevas versiones de las Escrituras. No incluyeron información sobre la edición de la versión Reina-Valera realizada en 1909. La preocupación de los traductores es más misionera, sin clara identidad eclesial, más denominacional, cuyo énfasis era la experiencia santificadora. Aquel misionero, que posee vínculos con el congregacionalismo, el presbiterianismo y el cuaquerismo, debe responder a una junta misionera fundamentalista que siente la presión respecto a las nuevas iglesias en Norteamérica, a definirse frente al modernismo teológico. Se tenía la opinión de que el posmilenarismo estaba ligado al modernismo, al evolucionismo y al evangelio social. Por consiguiente, se optó elegir el premilenarismo, primero histórico y luego dispensacionalista. Sin embargo, el movimiento de santidad supo resistir a la escuela

---

[76] Ver Daniel Steele, «Why I am not a Premillennialist».

fundamentalista de corte mayormente reformado, antipentecostal y extrañamente a favor del premilenarismo.[77] En lo que sí coincidió con el fundamentalismo es en el alejamiento de la ética y praxis social y su hermenéutica literalista.

Los giros escatológicos y sus implicaciones éticas

Al margen de la teología dispensacional como corriente hermenéutica y visión de la historia, la escatología premilenarista que fue difundida a partir de las modificaciones de la traducción del *Compendio* para la edición de 1935 y la breve obra de E.G. Marsh, «He aquí que viene», refrendó la necesidad de alejarse de toda acción misionera que trasluciera el optimismo por el mejoramiento social y moral del ser humano. La educación de los niños y jóvenes dejó de ser prioridad y paulatinamente fue reemplazada por el entrenamiento de predicadores, cuyo discurso se hizo ecléctico, que oscilaba entre el anuncio de la segunda venida y el llamado a la santidad, como señal de ruptura con el mundo y la cultura.[78]

Sin una connotación peyorativa, el discurso del protestantismo de la santificación es ecléctico, porque toma en cierta situación elementos éticos del posmilenarismo cargados de un optimismo perfeccionista y, en otro momento, asume el pesimismo respecto al progreso del mal que caracteriza al premilenarismo. Otra forma de describir esta teología es reconocerla como coexistente en forma simbiótica, realidad en la que la reflexión ético-teológica de la teología de la santificación no deja de ser oscilante.

Retornando al escenario de inicios del siglo xx, el pesimismo que invadió a un buen sector del movimiento de santidad, respecto a la reforma gradual de la sociedad y el apresuramiento del milenio fue reforzado por la relación que algunos, de tendencia premilenarista y proclives a la interpretación literalista de las profecías y de las Escrituras en general, fueron estableciendo entre el evangelio social y el posmilenarismo. Lo que no alcanzaban a percibir era que la perfección

---

[77] Timothy L. Smith, *La historia de los nazarenos*, pp. 360-366.
[78] Robert G. Clouse, (ed.) «Conclusión» en *¿Qué es el milenio?* p. 197.

cristiana fue conectándose al trabajo social entre los marginados del mundo urbano.[79] Daniel Steele entendió que esta conexión era legítima y apoyó la difusión de las obras escritas por Catherine Booth (1829-1890), «Piedad» y «cristianismo agresivo». Catherine era la esposa del pastor metodista William Booth (1829-1912), fundador en Inglaterra del Ejército de Salvación en 1878. Ellos predicaban el evangelio y la santidad en las calles y en los barrios pobres.[80]

Steele relacionaba la santificación con la ética, sosteniendo que «la perfección cristiana es: el amor perfecto, en cuanto la búsqueda del completo cumplimiento de la ley. Este es el resumen y la esencia de la enseñanza wesleyana».[81] Explica Steele: «cuando uno afirma el perfecto amor, en el sentido evangélico, no afirma el ideal moral, el cual uno no puede realizar sin estar libre del pecado, de un pecado ancestral, y añade, no se trata de un neonomismo, sino que según el Nuevo Testamento la ley del amor es una suma de deberes humanos».[82] La entera santificación, sostiene, conduce a un incremento de la reflexión sobre la moral y un deseo de estar en conformidad a la ley de la santidad de vida en cada uno de los actos. La santificación se hace progresiva por medio del cultivo de la oración y el intelecto. Esta es la paradoja wesleyana, que la entera santificación es tanto instantánea como gradual. El poder impartido sobre la conciencia es instantáneo y otorga el poder de un sentido moral, que se ejercita gradualmente.[83]

Procuramos establecer aquí una de las causas del desencuentro entre escatología y ética según la visión del reino de Dios en la teología y praxis misionera del movimiento de santidad. La ética fue desarrollada como una consecuencia de la experiencia de la santificación, pero sin la visión de formar parte del avance del reino de Dios. Fue más bien un acto moral e incluso de supererogación, que terminaba en la satisfacción individual y eclesial, en una especie de confrontación cotidiana e individual al mal.

El premilenarismo cuasidispensacional que se va a reflejar en el *Compendio*, a partir de 1935 en la traducción al español, habla de la era

---

[79] Timothy Smith, *La historia de los nazarenos*, p. 28.
[80] *Ibid.*
[81] Daniel Steele, *Mile-Stone Papers*, p. 125.
[82] *Ibid.*, p. 126.
[83] *Ibid.*, p. 130, explica los textos de 2 Corintios 7.1 y Hebreos 5.14.

de la iglesia que terminará en el arrebatamiento.[84] Esto vino a modificar la escatología de las nuevas iglesias de la familia de la santidad, especialmente de las iglesias surgidas de la obra misionera. Con lo cual, la propuesta de moral cristiana en el *Compendio* sufrió una ruptura con el substrato histórico-escatológico, que sostenía su visión del reino de Dios y de la ética.

La revisión de la visión de la historia de la salvación y sus repercusiones éticas

Steele tituló una sección, «El reino del Mesías – su progreso y triunfo final».[85] Este título refleja el optimismo que prevaleció durante el siglo diecinueve y que experimentaron las iglesias entre avivamientos que renovaban la esperanza de que la predicación del evangelio y las obras de misericordia traerían un nuevo orden en la sociedad, guiado por los principios cristianos. George L. Murray en 1948 describía al posmilenarismo de la siguiente manera:

> El punto de vista presentado por el posmilenarismo es que este habría acontecido antes de venida del Señor para juzgar la tierra. Se cree que la iglesia, por medio de la predicación del evangelio, regenerará y reformará la sociedad y cambiará el mundo, de tal modo que las guerras y la pobreza serán desconocidas, mientras que la paz, la prosperidad y la salud abundarán durante años. Al fin de aquel período se espera que Cristo vuelva y su retorno coincidirá con la resurrección de los muertos y el juicio final».[86]

El abandono de esta visión de la misión de la iglesia, sostenida desde la lectura escatológica posmilenarista, sucedió cuando ocurrió una especie de crisis en el paradigma de la ideología del progreso, que constituía su marco referencial. Como sostiene Alain Pons, que comenta la obra de Condorcet sobre los progresos del espíritu humano (1794): Condorcet entrevió que «los progresos humanos» constituyen el hilo conductor de la historia y midió estos progresos tan solo por el desarrollo de las ciencias y de las ideas morales, sin percibir el enfrentamiento entre

---

84 E.G. Marsh, *op. cit.*, p. 34.
85 Binney-Steele, *Compendio de teología* (1877), p. 123.
86 G.L. Murray, *La segunda venida de nuestro Señor Jesucristo*, p. 94.

las clases sociales. Dos certezas hay en Condorcet, sostiene Pons, por una parte el hombre es un ser perfectible y por otra la historia muestra que el ser humano se ha ido perfeccionando en el transcurso de los siglos, lo que nos permite pensar que continuará haciéndolo.[87] Y añade siguiendo el pensamiento de Condorcet: «Toda la perfección de que el hombre, criatura caída y destituida de su verdadera naturaleza, es capaz, consiste en unirse a Dios por medio del amor».[88] Es en este punto donde Pons nos acerca al tema de la relación entre conversión y «progreso espiritual», que notamos en el posmilenarismo. Desde el cristianismo contemplativo, la conversión es conversión a solas con Dios y el «progreso espiritual», la superación y perfeccionamiento moral no es el tiempo empírico:

> Para que pudiese aparecer la noción de perfectibilidad indefinida, fue preciso poner en tela de juicio la prioridad de la contemplación, y que la preocupación por la salvación individual fuese sustituida por la de la dicha terrenal… La perfección del hombre, estática como era cuando resultaba de una unión intelectual o mística con un principio trascendente, adquiere una forma dinámica, «operativa», puesto que en lo sucesivo consiste en la ejecución de una tarea inagotable…
> La perfección cobra un significado gradualista, a la vez que temporal y aumentativo».[89]

R.G. Clouse, en la introducción a su compilación de escritos sobre las cuatro concepciones del milenio en la teología evangélica contemporánea, sugiere que a causa de la identificación del posmilenarismo con la Ilustración del siglo XVIII, la postura posmilenaria fue adoptada por los principales comentaristas y predicadores de la época,[90] entre ellos Jonathan Edwards (1703-1758) y Juan Wesley (1703-1791).

Sin embargo, aquel progreso comenzó a ser visto como que iba acompañado por el retroceso, mostrando el problema de la

---

87 Alain Pons, «Introducción» a la obra de Condorcet, *Bosquejo de un cuadro histórico de los progresos del espíritu humano*, p. 24.
88 *Ibid.*, p. 15.
89 *Ibid.*
90 R.G. Clouse, (ed.) *¿Qué es el milenio?* p. 13.

ambigüedad de la historia.[91] El cambio de la actitud de las personas, el mejoramiento de la calidad de vida social, económica, política y cultural de la humanidad, en fin, el establecimiento de un estado de justicia, es en el posmilenarismo la continuidad de la reforma gradual iniciada en el presente. El milenio iría instalándose por medio de la transformación gradual que se va consiguiendo gracias a un mayor avance del cristianismo. El ambiente moral y natural se haría cada vez más cristiano.[92] Los problemas sociales, económicos y educacionales han de subsistir, pero serían reducidos, destacándose mayormente los aspectos positivos.[93]

Esta modificación en la visión de la historia, forma parte de lo que se consideraría un tema esencial del sistema bíblico-teológico. No se trata de un mero cambio en una práctica misionera, sino de un cambio en la visión de la historia de la salvación. Steele estaría moderadamente cercano a la concepción de la experiencia salvadora, como resultado de un pacto entre Dios y su pueblo. El concepto de las dos dispensaciones del pueblo de Dios afirma que una es Israel, y la otra es la continuidad del nuevo Israel, esto es, la iglesia. Dios redime a su pueblo, dentro de un nuevo pacto y según su fidelidad a dicho pacto. En cada generación este pacto sería renovado simbólicamente.[94]

La eclesiología de Steele refleja, pues, elementos de la teología del pacto para explicar y sustentar el bautismo de los niños. Dice Steele: «La iglesia cristiana es la continuación de la iglesia judaica, y el pacto permanece igual, a pesar de haberse cambiado el sello o símbolo. Heb 8.6-13».[95] Esto lo aleja de la noción dispensacionalista, que va a reflejarse en los cambios efectuados en la traducción de los Ferguson. Steele considera que el bautismo de niños ha sido instituido en lugar de la circuncisión y es sello del nuevo pacto, del cual los niños no han sido excluidos.

Cuando el movimiento de santidad adoptó para las misiones extranjeras en América Latina el uso de este *Compendio*, se encontraba en la búsqueda de una identidad eclesial en medio de cambios teológicos

---

91 Antonio A. Hoekema, *La Biblia y el futuro*, p. 50.
92 Loraine Boettner, «Posmilenarismo» en R. G. Clouse, *¿Qué es el milenio?*, p. 114.
93 *Ibid.*
94 Binney-Steele, *Compendio de teología* (1877), p. 161.
95 Binney-Steele, *Compendio de teología* (1909) pp. 157-160.

trascendentales y que exigían una postura clara.[96] El evangelio social era visto como modernismo teológico y fue duramente criticado vinculándolo al socialismo y al posmilenarismo.[97] El tema social en tierras de misión era recurrente en el movimiento evangélico, antes y después del Congreso de Panamá en 1916. Sin embargo, como lo ha hecho notar Eunice Bryant, hay un alejamiento de la escatología realizada y del concepto de Juan Wesley respecto al reino de Dios.[98]

El premilenarismo dejaba atrás no solo la idea del progreso humano, sino también el avance del reino de Dios. En América Latina, lo evangélico había que diferenciarlo de una cultura marcada por el catolicismo romano, pero en cambio se alejó de la cultura y las señales del reino en esta. Los cambios escatológicos, eclesiológicos y éticos, respondían a la toma y énfasis de posturas que terminaron convirtiéndose en puntos esenciales, inconexos con la tradición teológica que se había preservado hasta aquel momento. Posteriormente, estos puntos esenciales llegaron a constituir parámetros ligados a la ideología que acompañó al fundamentalismo teológico.

La revisión y la modificación de las posturas escatológicas

El texto original en inglés del *Compendio de teología* de Binney-Steele, (1875, 1902) en el capítulo XVII sobre las últimas cosas, considera los siguientes temas:

1. La muerte
2. El estado intermedio
   (A)   de los justos
   (B)   de los impíos
3. El reino del Mesías – Su progreso y triunfo final
4. La segunda venida de Cristo
5. La resurrección general
6. El juicio general
7. El cielo
8. El infierno

---

[96] George L. Murray, «*La segunda venida*» p.
[97] D.H. Kromminga, *op. cit.*, pp. 232-233.
[98] Eunice Bryant, *La teología en acción: La teología de Juan Wesley*, p. 574.

Se trata de una sistematización posmilenarista reformada, de fines del siglo xix, con algunas variantes, pero que mantiene la misma temática. Son los temas que aparecen en la obra inglesa de Juan S. Banks, publicada en Londres y editada también en Norteamérica a fines del siglo xix.

I.   El estado intermedio: sheol y hades
II. La segunda venida de Cristo
     Refutación a los premilenarios – Teoría materialista.
III. La resurrección general
IV. El juicio final
V.   La vida y muerte eternas[99]

El credo que adoptaron los grupos que formaron la Iglesia del Nazareno a principios del siglo xix, y que constituiría la Confesión de Fe que se requería a los miembros de las congregaciones del movimiento de santidad, es el siguiente:

> Creemos:
>
> En un Dios, el Padre, Hijo y Espíritu Santo.
>
> En la inspiración de las Sagradas Escrituras tal como se encuentran en el Antiguo y Nuevo Testamentos, y que ellas solas contienen toda la verdad necesaria para la fe y práctica.
>
> Que el hombre es nacido con una caída, y por tanto, tiende por naturaleza al mal y eso de continuo.
>
> En la pérdida segura de los que mueren sin arrepentirse.
>
> Que la expiación por Jesucristo es universal, y que cualquiera que oye la palabra de Dios y se arrepiente y cree en el Señor Jesucristo es salvo de condenación y del dominio del pecado.
>
> Que un alma se santifica enteramente subsiguiente a la justificación por fe en el Señor Jesucristo.
>
> Que el Espíritu de Dios da testimonio al corazón humano a la justificación por fe y a la obra siguiente de entera santificación de los creyentes.
>
> En la resurrección de los muertos y en la vida eterna.[100]

---

[99] Juan S. Banks, *Manual de doctrina cristiana*, pp. 465-512.
[100] Timothy Smith, *La historia de los nazarenos*, pp. 136-137.

La única declaración sobre escatología es el punto siete, que corresponde a una identidad con el Credo Apostólico. Comenta Smith que Phineas F. Bresee (1838-1915), pionero de la corriente metodista del movimiento de santidad y de la Iglesia del Nazareno, resistió todo intento de imponer el premilenarismo sobre la naciente iglesia. «Estaba decidido a evitar organizar una denominación en que la declaración doctrinal fuese meramente una colección de dogmas de los últimos días».[101] La santificación, como énfasis del movimiento, fue el elemento de control doctrinal en la declaración de fe de las nuevas iglesias, y no la escatología.

Los teólogos del movimiento de santidad fueron críticos de la relación entre santificación y escatología. En el capítulo anterior mencionamos la escatología de Steele y su cuestionamiento a la exégesis y esquema del premilenarismo que fue difundido en la conferencia profética de 1878. El esquema que considera absurdo es el siguiente:

Absurdos exegéticos[102]

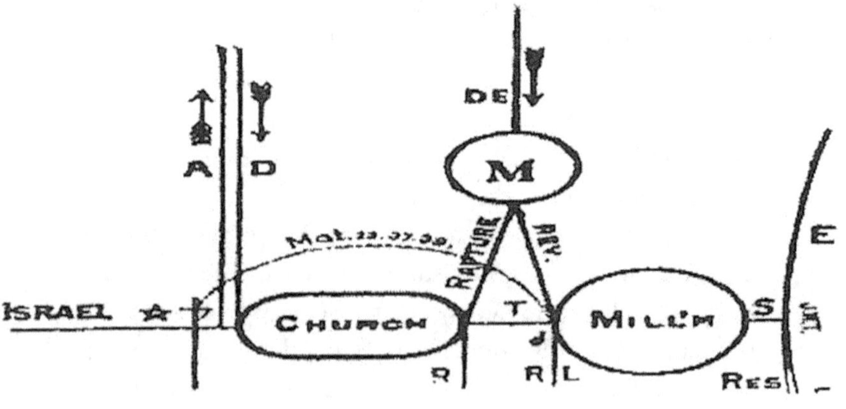

Leyenda:

A: La ascensión de Cristo

D: El descenso del Espíritu Santo

Church: El cuerpo místico de Cristo

De: El descenso del Señor

---

[101] *Ibid.*

[102] Daniel Steele, *A Sustitute for Holiness*, p. 223. Este es un diagrama difundido en un panfleto en la Conferencia profética de 1878.

R: La resurrección de los justos

Rapture: El traslado de los santos al encuentro con Cristo en el aire.

M: El encuentro de Cristo con su novia

Rev: La revelación de Cristo y sus santos para juzgar la tierra

J: El juicio de las naciones

R L: La resurrección de los santos de la tribulación, que completa la primera resurrección.

Mill'm: El milenio, reino glorioso de Cristo sobre la tierra por mil años.

S: Satanás es suelto por un breve tiempo y luego destruido junto con Gog y Magog.

Res: La resurrección del juicio

J W T: El juicio del gran trono blanco. La muerte y el infierno son destruidos

E E: La eternidad

Este esquema, un tanto más elaborado y didácticamente acompañado de las bases bíblicas de las que se infieren los sucesos, circuló también en América Latina, en la década de 1930, gracias a un libro titulado *He aquí que viene: El milenio, simple abecedario de la venida de nuestro Señor Jesucristo*, de E.G. Marsh.[103] El esquema se insertó en la sección de escatología, en la primera edición del *Compendio* traducido al español para la publicación realizada en Buenos Aires en 1935. En ediciones posteriores, el esquema apareció en el apéndice.

El esquema es notoriamente premilenarista con elementos dispensacionalistas concernientes a lo propiamente escatológico. Las citas bíblicas que acompañan las diversas fases y eventos evidencian, en primer lugar, la interpretación literalista de los textos proféticos y, segundo, la lectura escatológica que se realiza del libro de Daniel. A partir de ello se estableció un discurso geopolítico que se entrelaza con la predicación escatológica premilenarista dispensacional.[104]

---

[103] E.G. Marsh, *He aquí que viene: El milenio, simple abecedario de la venida de nuestro Señor Jesucristo.*

[104] Hal Lindsey en su obra *La agonía del gran planeta tierra*, fue uno de los autores que más popularizó estas interpretaciones en las décadas de 1960-1970. En la década de 1990, Tim LaHaye y Jerry B. Jenkins, publicaron la serie *Dejados atrás*, novela de ficción escatológica cuyos títulos fueron: *Comando tribulación, Nicolás, Cosecha de Almas, Apolión, Asesinos.* Gracias a esta serie, los autores lograron actualizar y popularizar esta interpretación premilenarista y dispensacional, incluso en versiones para jóvenes.

Dibujo para el estudio de la segunda venida de Nuestro Señor Jesucristo[105]

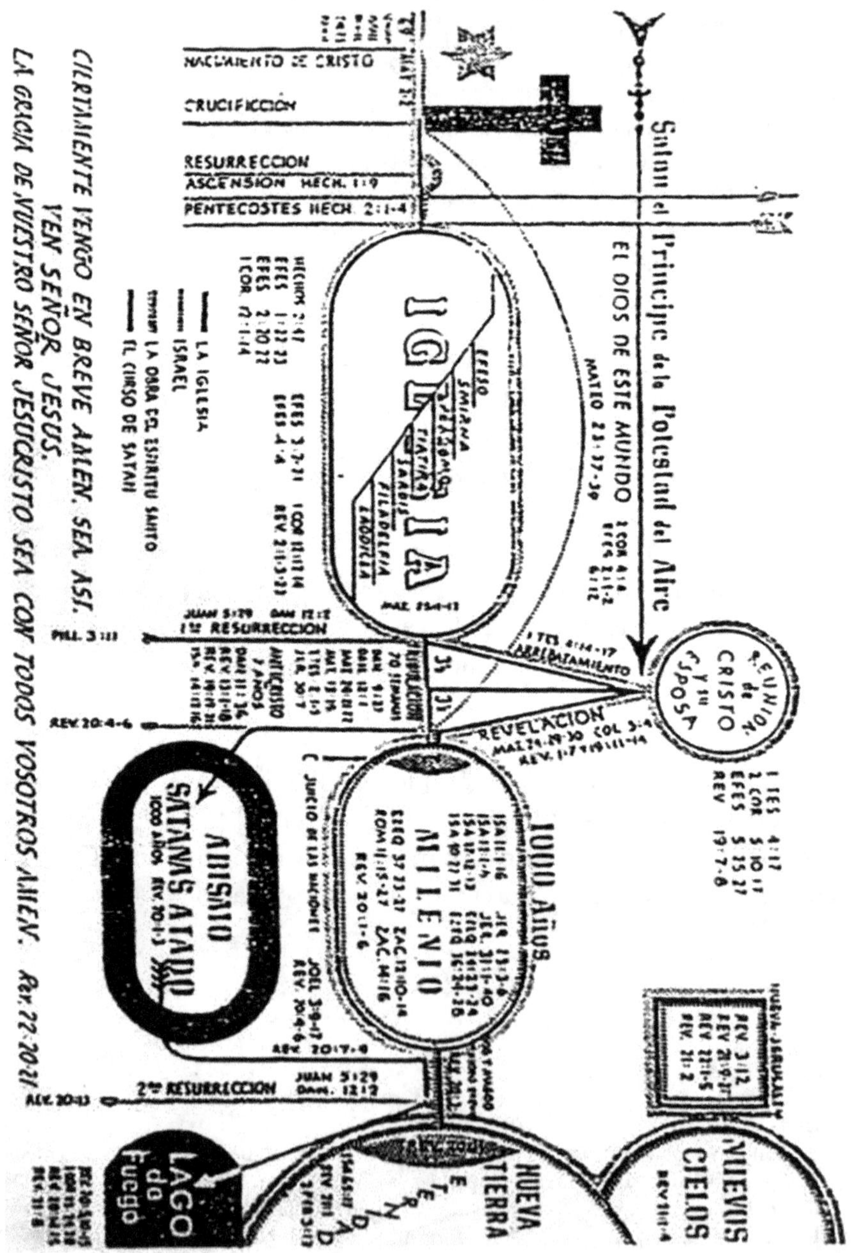

---

[105] E.G. Marsh, *op. cit.*

Este diagrama que aparece en el *Compendio* (1935),[106] venía siendo difundido también por Marsh, cuyo libro tiene como propósito describir el diagrama impreso en la cubierta.[107] Contiene los siguientes temas: Satanás en el presente y en el futuro, los judíos, la era de la iglesia, el arrebatamiento, la tribulación, el milenio, el período breve, la segunda resurrección y el gran juicio del trono blanco, los nuevos cielos y la nueva tierra, la eternidad.

La edición del *Compendio de teología*, a partir de la versión revisada por Daniel Steele y cuyos traductores fueron Frank y Lula Ferguson en 1935, en Buenos Aires, efectúa cambios en la escatología, que van a modificar considerablemente no solo la visión de la sociedad y de la historia, sino que también presentan una hermenéutica que, de manera didáctica, introduce el estudio de una teología de los pactos desde la perspectiva judío-mesiánica. En los cambios puede notarse comparativamente el giro milenarista:

Escatología del *Compendio* en inglés (1902)	Escatología del *Compendio* en español (1935)
1. La muerte	A. La muerte
2. El estado intermedio (A) de los justos (B) de los impíos	B. El estado intermedio 1. de los justos 2. de los impíos
3. El reino del Mesías **– su progreso y triunfo final**	
4. La segunda venida de Cristo	C. La segunda venida de Cristo **1. El arrebatamiento** **2. La tribulación** **3. El milenio** **4. Un período breve**
5. La resurrección general	D. La resurrección general
6. El juicio general	E. El juicio general
7. El cielo	F. El cielo
8. El infierno	G. El infierno

---

[106] Binney-Steele, *Compendio de teología* (1935), p. 145.
[107] E.G. Marsh, *op. cit.*, 27.

El premilenarismo se instaló en el movimiento de santidad entre 1920 y 1930, tras un debate por la sospecha de liberalismo teológico en el posmilenarismo y su alianza, no sin concesiones, con la ideología del progreso[108] y la noción lineal de la historia, que se dirigiría hacia una nueva sociedad de justicia, paz y alegría en el Espíritu Santo. Los cambios al *Compendio* se llevaron a cabo de una manera radical en la traducción al español realizada en Buenos Aires. Esto llegó a acompañar lo que en adelante vino a ser la coexistencia de la teología de la santificación «erradicacionista» y perfeccionista, con la teología del premilenarismo dispensacional «supresionista». La total santificación como equivalente del perfeccionamiento moral del ser humano, se desarrolló de una manera paralela y hasta simbiótica con la enseñanza de la santificación progresiva, promovida por los premilenaristas de la corriente de avivamiento de Keswick, Inglaterra (1873),[109] que Dwight L. Moody (1837-1899) trajera a Norteamérica y que A.B. Simpson luego la adoptara, como lo hemos mencionado. Es importante mencionar que en Keswick se inició la tendencia a explicar el bautismo con el Espíritu Santo como una plenitud que llevaba a la «supresión» del pecado, en esto se distanció del movimiento de santidad norteamericano, que enseñaba la «erradicación» del pecado en el ser humano.[110]

La propuesta moral

En esta parte del estudio nos proponemos relacionar la filosofía del idealismo con la articulación ética en la sección sobre moral cristiana del *Compendio*. Además, procuramos establecer una relación entre la escatología posmilenarista y la necesidad que esta tiene de una ética. El posmilenarismo considera que el milenio sucederá antes de la venida de Cristo. George L. Murray, quien estudia las teorías milenarias en la década de 1930, preocupado por la popularización del premilenarismo dispensacional desde fines del siglo xix, observa que en el posmilenarismo:

---

108 Timothy Smith, *La historia de los nazarenos*, p. 362.
109 Timothy Smith, *op. cit.*, pp. 25-29.
110 *Ibid.* Ver Donald Dayton, *Raíces teológicas del pentecostalismo*, pp. 71-72.

> Se cree que la iglesia, por medio de la predicación del evangelio, regenerará y reformará la sociedad y cambiará el mundo, de tal modo que las guerras y la pobreza serán desconocidas, mientras que la paz mundial, la prosperidad y la salud abundarán durante años. Al final de este período se espera que Cristo vuelva y su retorno coincidirá con la resurrección de los muertos y el juicio final».[111]

El posmilenarismo fue la teoría que más se adecuaba al espíritu misionero y al fervor por la evangelización del mundo. Se creyó que la extensión del evangelio apresuraba el milenio y la segunda venida de Cristo. El optimismo durante el siglo xix fue alimentado por los avivamientos que surgieron de las iglesias tradicionales y la idea del progreso en la humanidad. La esperanza de que la predicación del evangelio pudiera traer una edad de oro, terminó inspirando la reforma social a partir de la difusión del evangelio. G.L. Murray cita a Case Chirley, autor posmilenarista, quien comenta respecto a la necesidad de un «nuevo orden» y asumir nuestro propio milenio:

> Los males no dominados todavía, han de ser eliminados por medio de grandes esfuerzos y por una reforma gradual, más bien que por la intervención milagrosa de Dios.[112]

Aquí el posmilenarismo no es solo una teoría escatológica, es una manera de encarar las expectativas y necesidades de la sociedad, en especial a partir de la difusión del evangelio como fuerza moralizadora. Al encarar la sistematización de la teología, Steele concuerda con Binney en mantener esta sección de la moral cristiana, como una ética teológica necesaria en la corriente de pensamiento y de énfasis en la santidad como una escatopraxis.

La conciencia moral universal

En esta sección del *Compendio* sobre la moral cristiana, es fundamental la idea que la ley moral ha sido establecida en la

---

[111] G.L. Murray, *op. cit.*, p. 94. Ver también Loraine Boettner, «Posmilenarismo» En R.G. Clouse, *¿Qué es el milenio?* pp. 111-112.
[112] G.L. Murray, *op. cit.*, p. 95.

conciencia del ser humano, quien está facultado para llegar al conocimiento de su deber, como un principio que trasciende los fenómenos externos y la intuición interna. Esta ley moral universal fue percibida por la filosofía de Emmanuel Kant (1724-1804), que consideró la motivación del accionar, la que todo ser humano debe anhelar que se constituya en un principio universal.[113] Esto es una ley moral válida e ineludible para todas las situaciones. Es una ética de obligación, en la que la actitud o intención es la que determina que un acto sea moral. Esto hizo que la moral propuesta por Kant sea una moral ideal. Kant abogaba por la paz universal y perpetua. Promovió su realización incentivando la creación de una «federación de naciones» en su escrito La paz perpetua (1795), su visión de la humanidad era de la coexistencia pacífica. Esta federación se formó tras la Primera Guerra Mundial. Kant insistió en que era nuestra obligación trabajar en pro de una paz general y duradera, aunque sea algo muy lejano de obtener. Es pues importante notar que el idealismo kantiano proponía en la práctica una reforma progresiva de la sociedad, como lo señala K. Kuypers:

> El idealismo práctico... atribuye gran importancia a los ideales, destinados a reformar la vida humana y la sociedad. Desempeñó un lugar importante sobre todo en el siglo xix, con sus ideales racionalistas de progreso ilimitado de la humanidad, guiada por la razón, y con sus ideales románticos de glorificación de la naturaleza... Las guerras mundiales y las crisis económicas han batido bastante esta mentalidad idealista... carente de sentido práctico.[114]

La moral cristiana del *Compendio* se relaciona implícitamente con el idealismo de Kant, quien cierra un período de la historia de la filosofía, que privilegia el sentido del ser, como el ser «en sí», y que tuvo su inicio con Descartes. Kant establece un nuevo sentido del ser, esto es, ser «para» el entendimiento.[115] Respecto a la actividad del conocimiento, dice García Morente, sintetizando el

---

[113] Julia V. Iribarne, *La libertad en Kant*, p. 25.
[114] *Breve Enciclopedia de filosofía y psicología*, pp. 146-147.
[115] Manuel García Morente, *Lecciones preliminares de filosofía*, pp. 228-229.

pensamiento de Kant, «el esfuerzo por colocarnos frente a las cosas para conocerlas, es absolutamente una de tantas actividades que el hombre ejecuta».[116] Kant ve la actividad humana, continúa García Morente, como que trasciende con mucho la simple actividad del conocimiento:

> Entre otras, hay una forma de actividad espiritual que podemos condensar en el hombre de «conciencia moral». La conciencia moral contiene dentro de sí un cierto número de principios, en virtud de los cuales rigen su vida. Acomodan su conducta a esos principios y, por otra parte, tiene en ellos una base para formular juicios morales acerca de sí mismo y de cuantos les rodea. Esa conciencia moral es un hecho de la vida humana, tan real, tan efectivo, tan inconmovible, como el hecho del conocimiento.[117]

Estos principios que rigen la vida, son aquellos que la conciencia moral innata halla en sí misma y a los cuales el ser humano acomoda su conducta. Esto es lo que se va a denominar una ética autónoma en la filosofía de Kant. Explica García Morente, comentando a Kant: «Solamente es autónoma aquella formulación de la ley moral que pone en la voluntad misma el origen de la propia ley».[118] Esto se fundamenta en el hecho que la voluntad recibe pasivamente la ley de algo o alguien que no es ella misma, siendo lo meritorio no ajustar la conducta a tal o cual precepto, «sino el por qué se ajusta la conducta a tal o cual precepto; es decir en la universalidad y necesidad, no del contenido de la ley, sino de la ley misma».[119]

La ley moral es autónoma, según Kant, porque no está movida por motivos como el interés, el prejuicio, la recompensa o el castigo. La ley moral acentúa el lugar de la conciencia donde lo meritorio es la conciencia del porque se ajusta la conducta a tal o cual precepto, lo cual se convierte en un imperativo, incondicional, universal, es decir, siguiendo la fórmula de Kant:

---

[116] *Op. cit.*, p. 309.
[117] *Ibid.*
[118] *Op. cit.*, p. 314.
[119] *Op. cit.*, p. 325.

> Obra de tal manera que el motivo, el principio que te lleva a
> obrar, puedas tú querer que sea una ley universal.[120]

Estas ideas de Kant constituyen un marco de referencia ética para el *Compendio*. Una de las razones evidentes para este marco habría sido el concepto de *ley moral como el Bien Supremo*, final perfecto de la vida humana. El Bien Supremo es la virtud y la felicidad, es decir la plena realización humana.[121] Para Steele este esfuerzo moral necesitaba el fundamento y la garantía del Dios que se ha revelado, estableciendo obligaciones como creador. Como Farré señala, Kant presiente a Dios, que debe existir por lo menos como garantía de la virtud y de la felicidad. Dios no es experimentable, pero sí sentido y necesitado y al que aspira todo ser.[122]

A Steele le atrajo el pensamiento ético de Kant, filósofo cercano al pietismo protestante, que abogaba por la paz duradera en el mundo. Teniendo en cuenta la expansión misionera mundial, la afirmación filosófica kantiana de la universalidad de una «ley espiritual y perfecta… que jamás se puede cambiar o anular» calzaba casi perfectamente para sostener una ética cristiana que acompañara la gran expansión misionera a las distintas culturas con diversas costumbres para las que el cristianismo debía tener una propuesta que fuera suficientemente universal. Esta noción de la moral de principios universales era evidente en la filosofía de Kant, como señala Farré comentando al respecto:

> Hay una intuición moral, quizá nosotros la llamaríamos conciencia, que inspira la dirección práctica de la vida. Su máxima, no sometida a la acaso particular, es esta: «Obra de tal manera que tu obrar pueda ser ley universal». Es una invitación

---

[120] *Ibid.*

[121] Luis Farré, *Filosofía de la religión*, p. 186.

[122] *Op. cit.*, p. 187. Ver también García Morente, pp. 318-319, «… para que se cumpla ley moral es preciso… de un modo progresivo, el dominio de la voluntad libre sobre la voluntad psicológica. Si el hombre pudiera por la educación o como fuera purificar su voluntad, tendríamos realizado un ideal, tendríamos un ideal cumplido. Se habría cumplido el ideal de lo que Kant llama santidad. Llama Kant santo a un hombre que ha dominado por completo, aquí, en la experiencia, toda determinación moral oriunda de los fenómenos concretos, físicos o psicológicos, para sujetarse a ley moral».

a que la conducta no esté gobernada por el subjetivismo de tiempo o circunstancia, a que realicemos actos que sean en sí, sin atender a la utilidad. Al hombre moral no le gobiernan apetencias inmediatas, sino la intrínseca bondad de la ley o de los actos.[123]

Otra de las razones que Steele manifiesta es su convicción hermenéutica, de que la libertad humana no es arbitraria , sino *la sumisión a la máxima ley universal*, sin la cual todo es libertinaje.[124] Esto Steele lo lleva a una puntualización, la ley moral es revelación divina, Dios ha establecido la ley en el corazón del ser humano. Esta ley natural fue escrita primeramente en el corazón y la conciencia de los seres humanos y luego registrada en forma especial en la misma historia de la humanidad, para ser conocida y confirmada por todos:

> La ley (moral) fue escrita primero en los corazones y las conciencias de los hombres, así que por el uso debido de sus facultades racionales y morales llegasen al conocimiento de todo su deber.[125]

Según Binney-Steele, en el Decálogo Dios confirmó «la ley original de la naturaleza… El resumen de esta ley, que Cristo y sus apóstoles la explican, es el amor supremo hacia Dios y amor imparcial hacia el hombre».[126] Kant era protestante y abrió la posibilidad de la reflexión moral adulta, sin tutela, de libre interpretación.[127] Jostein Gaarder, en su acercamiento a la historia de las ideas, en su obra *El mundo de Sofía*, se refiere a Kant explicándonos que él quería preservar la fe cristiana, por ello sostenía que donde fracasan la experiencia y la razón surge un vacío que puede llenarse de fe religiosa, y añade que Kant consideraba que era necesario para la moral de los hombres suponer que tienen un alma inmortal, que Dios existe, y que el hombre tiene libre albedrío. «Es moralmente necesario suponer la existencia de Dios».[128]

---

123 *Op. cit.*, pp. 185-186.
124 *Op. cit.*, p. 186 y 368.
125 Binney-Steele, *Compendio de teología* (1984), p. 127.
126 Binney-Steele, *Compendio de teología* (1877), p 137.
127 Emmanuel Kant, *¿Qué es la Ilustración?*
128 Jostein Gaarder, *El mundo de Sofía*, p. 400.

El *Compendio*, muy sucintamente nos dice que el hombre por el uso debido de sus facultades naturales, racionales y morales, llega al conocimiento de todo su deber.[129] Kant, nos dice Gaarder, partía del punto de vista de que la diferencia entre el bien y el mal es algo verdaderamente real. «Todos los seres humanos tenemos una "razón práctica", es decir, una capacidad de razonar que en cada momento esta capacidad nos dirá lo que es bueno y lo que es malo moralmente, porque es algo innato. Todos los seres humanos poseen la misma capacidad de la razón y tienen acceso a la misma ley moral universal. Esta ley moral tiene la misma validez absoluta que las leyes físicas de la naturaleza. Es válida para todas las personas en todas las sociedades y en cualquier época».[130]

La moral desde el vínculo de la visión del mundo con la personalidad

Finalmente, en este acercamiento al marco kantiano del *Compendio*, ubiquemos la cita de Emmanuel Kant realizada por Binney-Steele en el *Compendio*.[131] Kant en la segunda parte de su obra, en *Crítica de la razón práctica* (1788), formuló su «imperativo categórico» diciendo: «Siempre debes tratar a las personas como si fueran una finalidad en sí y no solo un medio para otra cosa». Jostein Gaarder ve en esta ley moral una relación con la «regla de oro». El tema del deber para con el prójimo es ampliamente formulado por el *Compendio*, que siguió también esta línea interpretativa.[132] Pero lo que es más trascendental es la manera en que Binney-Steele citan la famosa frase de Kant, correspondiente a esta obra. Colocan el texto que introduce la frase:

> Dos cosas hay que mientras las consideramos con mucho mayor atención, llenan el ánimo de continua y repetida admiración y reverencia, a saber, el cielo estrellado arriba y la ley moral dentro de nosotros».[133]

---

[129] Binney-Steele, *Compendio de teología* (1877), pp. 137-138.

[130] J. Gaarder, *op. cit.*, pp. 403-404.

[131] Binney-Steele, *Compendio de teología* (1877), p. 138.

[132] *Ibid.*, p. 142 y J. Gaarder, *op. cit.*, p. 405.

[133] Binney-Steele, *op. cit.*, p. 138. Immanuel Kant, *Crítica de la razón práctica*, pp. 127-128.

Kant superó la disputa entre la razón y la experiencia como base para el conocimiento, y propuso la alternativa de la fe religiosa. Según Kant, dice Gaarder:

> … hay dos cosas que contribuyen a cómo las personas perciben el mundo. Una son las condiciones exteriores de las cuales no podemos saber nada hasta que las percibimos. A esto lo podemos llamar el material del conocimiento. La segunda son las condiciones internas del mismo ser humano, por ejemplo, el que todo lo percibimos como sucesos en el tiempo y en el espacio y además como procesos que siguen una ley causal inquebrantable. Esto lo podríamos llamar la forma del conocimiento».[134]

Es notorio que la introducción al tema de la moral cristiana y la cita de Kant en el *Compendio*, medio siglo después de la publicación de sus obras, muestran la relación filosófica y ética de esta corriente teológica ligada al movimiento de santidad de fines del siglo XIX y principios del XX, y su contemporáneo el movimiento del evangelio social. Paul Tillich sostiene que fue a través de este último que la teología de Kant fue trasmitida a la teología norteamericana, especialmente sus escritos sobre la paz eterna, que se convirtieron, dice Tillich, en el fundamento de la religión que influyó al movimiento del evangelio social, coincidente con el posmilenarismo.[135]

Básicamente Kant se oponía al sentido de la gracia que desvaloriza la libertad autónoma del hombre para hacer el bien y el mal. De esta manera, contribuyó al desarrollo de lo que podría entenderse como una filosofía del reino de Dios, similar al establecimiento del hombre moral sobre la tierra, de la justicia social y la paz.[136]

Al estudiar los puntos de la moral cristiana propuestos por Binney-Steele, notaremos que parecen seguir, en su sencillez y con las distancias del caso, lo que Tillich presenta como conclusión de su sección sobre Kant:

---

[134] J. Gaarder, *op. cit.*, p. 396.
[135] Paul Tillich, *Pensamiento cristiano y cultura en Occidente*, 2ª parte, pp. 385-386.
[136] *Ibid.*

> Sea como fuere, todos los teólogos del siglo xix elogiaron a Kant por haber establecido la percepción de la finitud de la criatura humana o como expresaríamos hoy, la situación existencial del hombre. Sin embargo, la mente y el alma humana no podrían permanecer en este nivel. Por lo tanto, si bien todos los movimientos del siglo xix tenían sus raíces en Kant, tratarían de superarlo. En mis años de estudiante se solía repetir una frase: comprender a Kant significa trascenderlo.[137]

Steele es un crítico de la doctrina pesimista en la iglesia, su optimismo esta ligado al avance de la misión de la iglesia como extensión y realización del reino de Dios que se manifiesta en justicia, paz, y alegría en el Espíritu Santo, cuya administración se cumple por medio del señorío de Cristo.[138] Esto era lo que preconizaba el movimiento del evangelio social, que se deduce de su ensayo en inglés *Why I am not a Premillennialist*.[139]

El deber moral

La ética del *Compendio* presenta la ley moral como revelación de la voluntad divina. La revelación ha establecido un orden que otorga el primer lugar al **deber para con Dios**, quien es el fundamento y garantía de la virtud y de la felicidad. Hay en el ser humano la obligación interior (principios y actitudes) y la exterior (obras públicas y privadas).

Luego viene el **deber para con nuestro prójimo**, con quienes se establece un vínculo sin discriminar la nacionalidad, la ubicación geográfica, la etnia, la complexión, la condición (social) o la religión.[140] El fundamento para esta actitud es «la ley real» y «la regla de oro».[141] El propósito de esta regla es dejarse guiar por la justicia y la misericordia. El deber para con nuestro prójimo es un «precepto de amor universal», que prohíbe cualquier disposición malévola hacia los demás,[142] y toda

---

137 *Op. cit.*, p. 387.
138 Daniel, Steele. *Why I am not a Premillennialist*, p. 2.
139 *Ibid.*, p. 6.
140 Binney-Steele, *Compendio de teología* (1877), p. 142.
141 Santiago 2.8 y Mateo 7.12.
142 Binney-Steele, *op. cit.*, p. 142.

conducta pecaminosa hacia el prójimo, como el asesinato, el falso testimonio, la opresión, la represalia; obliga a que se fomente todo afecto puro y disposición como el amor, la clemencia, el perdón de injurias; exige la práctica de toda buena obra hacia nuestros vecinos y mostrar un comportamiento particular hacia ciertas clases de nuestro prójimo, como gobernantes, amos, siervos, los forasteros, los malvados y los paganos.[143]

Finalmente, se plantean los **deberes para con uno mismo**. Sin una elaboración ética el *Compendio* plantea directamente como deberes propios o derechos, la defensa propia ante la naturaleza o seres humanos que amenazan quitar la vida; la sujeción o dominio propio ante las adicciones, costumbres no necesariamente pecaminosas, ambición desordenada por el poder y la riqueza, afectos y pasiones que se oponen a la espiritualidad; el deber de la cultura propia, el cuidado del cuerpo, la higiene, el reposo y la educación de las facultades intelectuales, aumentando así las capacidades para lo útil y agradable.[144] Binney-Steele concluyen esta sección recurriendo finalmente a la temática kantiana, pero procurando darle fundamento a la espiritualidad:

> Nuestra naturaleza moral o conciencia, debe desarrollarse en cuanto a sus facultades de discernimiento y de motivo, por el bien hacer y por medio del estudio y de la imitación de los mejores ejemplos, mientras se desarrolla y purifica nuestra naturaleza espiritual por el Espíritu Santo que habita en nosotros. 1Ts 5.23; Heb 5.14».[145]

---

[143] *Op. cit.*, p. 144.
[144] *Op. cit.*, p. 148.
[145] *Op. cit.*, p. 149.

Historia del texto del Compendio de Binney-Steele

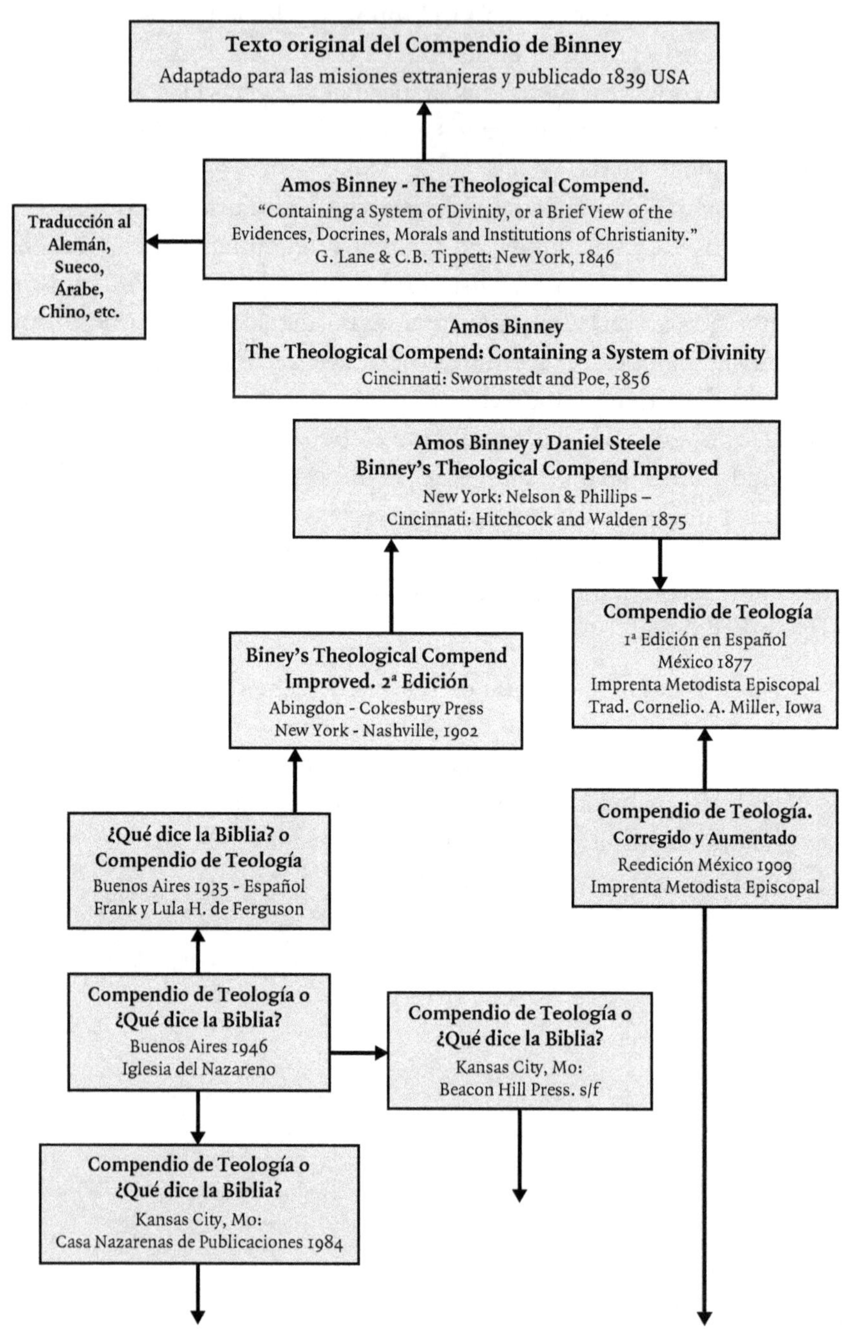

Capítulo 3

La crisis temprana
en el sistema emergente
de la teología de la santificación

Consideremos ahora la necesidad de esclarecer la influencia sobre los cambios escatológicos respecto a la crisis temprana en la teología de la santificación y el cambio de visión respecto a la ética social en el movimiento de santidad. Siguiendo el pensamiento teológico de Daniel Steele y su influencia, observaremos los cambios que se dieron en la relación entre el giro escatológico premilenarista y el reavivamiento de la ética antinomista.

En el primer capítulo hemos hablado de la heterodoxia en la teología de la santificación, refiriéndonos al cambio de la relación de esta con la teología wesleyana respecto a la justificación, cuando empezó su vínculo con el bautismo del Espíritu Santo, al que se adhirió Steele.[1] Así mismo, hemos visto la manera en que esta relación modificó la fuerza de la santidad como praxis fundamental en la visión para el avance del reino de Dios. En el segundo capítulo nos hemos acercado la escatología del *Compendio* y a su lectura bíblica y filosófica en torno a la ética que acompaña a la teología de santidad en sus inicios.

Finalmente, nos proponemos analizar estos giros teológicos que se ha denominado una convivencia entre «ortodoxia y herejía»,[2] como libre elección disidente, desde el elemento escatológico en su

---

[1] Binney-Steele, *Compendio de teología* (1984) p. 107.

[2] David Bundy, «The Historiography of the Wesleyan/Holiness Tradition», en *Wesleyan Theological Journal*, p. 72. Ver también Jean-Pierre Bastian, *La mutación religiosa de América Latina*, pp. 11-12.

relación con la ética, relación que Carl E. Braaten ha denominado «Escatopraxis».[3]

El desarrollo del discurso escatológico adventista y premilenarista de mediados del siglo xix, vino a constituir, al parecer, un segundo momento en el origen y radicalización de la pentecostalidad moderna. La irrupción de los carismas en un marco de desgaste de la escatología posmilenarista e instalación del discurso pneumático, constituyen el primer momento.

La ética teológica de Daniel Steele y su relación con la crisis temprana en la teología de la santificación.

La fuente de la santificación y la propuesta ético-teológica de Steele

Las preocupaciones teológicas de Steele por el antinomismo y su consiguiente relación crítica con el premilenarismo, cuyos propulsores eran seguidores de J.N. Darby, muestran una comprensible reacción a la amenaza que significa el restarle importancia a la praxis de la santidad y sus repercusiones sobre la visión de la construcción del reino de Dios. La experiencia de la santificación en la teología de la santificación quedó, como veremos más adelante, relacionada a la obra del Espíritu Santo, tras la revisión del concepto de la santificación, que la consideraba un estado declarativo estrechamente vinculado a la justificación.

Ahora bien, en esta investigación la presentación de parte de la obra de Daniel Steele ha seguido el siguiente orden. Primero, hemos considerado su refutación del antinomismo y premilenarismo, que la desarrolló en *A Substitute for Holiness or Antinomianism Revived,* publicada en 1887 y reeditada con un apéndice en 1899. En segundo lugar, presentamos su revisión y refinamiento del *Compendio de teología,* del que es presentado como coautor a partir de las ediciones de 1875. Se trata pues de obras contemporáneas al avivamiento de fines del siglo xix, que va debatiendo y elaborando considerablemente, a distintos

---

3   Carl E. Braaten, *Escatología y ética,* p. 6.

niveles, la ética de santidad y el milenarismo que debe acompañarla. Antes de que Steele trate ampliamente estos temas, fue bosquejando y preservando sintéticamente la temática sistematizada. Binney no logró desarrollar una escatología en la edición de 1846, expandida en 1839 por el mismo autor. Solamente habla de la felicidad y la miseria futura tras la muerte.[4] Como hemos mencionado, la escatología posmilenarista del *Compendio* era uno de los aportes de Steele a la obra de Binney.

En la revisión del *Compendio*, Steele se ciñe a la descripción wesleyana de la experiencia de la santificación, viéndola como «pureza, perfección, plenitud de Dios y de Cristo y del Espíritu Santo en plena certidumbre de fe».[5] Sin embargo, la ruptura con la explicación wesleyana respecto a la relación entre justificación y santificación, estaba ya cediendo a la experiencia pneumática. Respecto a ello, afirma Steele:

> La santidad se inicia en el momento que empieza el principio de la pureza, a saber, el amor de Dios se derrama en el corazón en el nuevo nacimiento. Pero, la santificación es aquella obra del Espíritu Santo por cuyo medio se hace santa el alma justificada…
> La santificación no es lo mismo que la justificación. La justificación es un cambio de nuestra condición de culpabilidad en perdón; la santificación es un cambio de naturaleza, del pecado a la santidad.[6]

Wesley en su obra *Plain Account of Christian Perfection* enseñaba sobre la santificación examinándola desde su fundamento y afirmando la justificación como el principio de una experiencia santificadora de crecimiento en gracia.[7] Wesley recomienda darle prioridad al discurso del estado de justificación, más que la experiencia santificadora:

---

[4] A. Binney, *The Theological Compend* (1846), pp. 87-96.

[5] Binney-Steele, *Compendio de teología* (1935), p. 106. Ver también W. Gresthouse y P. Bassett, *Explorando la santidad cristiana*, p. 310.

[6] *Op. cit.*, pp. 106-107. En *Love Enthroned*, trata ampliamente lo que él llama «dañina relación de la entera santificación con la justificación», p. 48. Ver también cómo James O. McClurkan, en *Santificados por completo*, percibe este cambio, pero lo ubica entre la Reforma y Wesley. En los días de Lutero, dice, la ofensa descansaba en la justificación por la fe; en los tiempos de Wesley y de Whitefield, sobre el testimonio del Espíritu, ahora está en la santificación, p. 12.

[7] J. Wesley, *La perfección cristiana*, p. 33.

> el término santificado es comúnmente aplicado por San Pablo a todos los justificados… Los escritores inspirados casi siempre hablan de los justificados, o a ellos, ¡pero raras veces a los enteramente santificados o de ellos!… por consiguiente, nos conviene hablar casi continuamente del estado de justificación, pero más raramente (al menos en términos explícitos) con respecto a la entera santificación».[8]

Steele escribió un ensayo en 1874 titulado *The Three Dispensations*, que aparece en su obra *Love Enthroned*,[9] junto a otras obras y compilaciones de ensayos. Se trata de una lectura de la revelación de Dios en la historia y del avance del reino de Dios y de la iglesia. Como lo mencionamos en el primer capítulo, Steele se inspira en la visión reelaborada por John Fletcher (1729-1785) en torno a las ideas de Joaquín de Fiore (1135-1220). Según esta visión, es preciso entender la espiritualidad en tres grandes eras: la dispensación del Padre, la del Hijo y la del Espíritu Santo. Cada era es sucesiva, diferente e introduce la siguiente. La última era, la del Espíritu Santo, es un punto en la historia universal, en la cual el Espíritu comenzó a trabajar en una forma más sensible en la conciencia de los creyentes.[10] En esta dispensación del Espíritu, el Hijo

---

[8] *Op. cit.*, pp. 34-35. Nota del editor: Respecto a la frase «entera santificación», esta proviene directamente del inglés *entire sanctification*. Es una traducción desafortunada, que refleja la fuertísima influencia que el inglés ha ejercido y continúa ejerciendo en el español evangélico. La culpa la tenemos todos, tanto misioneros anglosajones como conversos latinoamericanos. El problema en este caso particular se origina con el cognado falso entre «entera» y *entire*, que no siempre son sinónimos según sus respectivos diccionarios. En inglés, *entire* significa que ninguna parte del asunto se ha dejado a un lado. La traducción «entera santificación» no suena bien para aquellos cuya lengua materna es el español, no así para los bilingües o cuya segunda lengua aprendida es el español. Por ello, vemos tantos anglicismos en las traducciones evangélicas desde el siglo XIX hasta nuestros días. Una mejor opción habría sido usar adjetivos que ya existen desde hace muchos siglos atrás como, por ejemplo, «la santificación plena», que comunica la idea en inglés. Sin embargo, dado que esta frase ya está muy arraigada en el léxico evangélico y, en especial, en tantas traducciones antiguas y contemporáneas (ver, por ejemplo, las publicaciones de la Casa Nazarena) hemos decidido usar la frase «entera santificación» en esta obra.

[9] D. Steele, *Love Enthroned*, pp. 141-159.

[10] *Op. cit.*, p.150. Ver Daniel Bruno, *El teorema de la historia. La historia-esperanza de Joaquín de Fiore después de Fukuyama*, en Cuadernos Teológicos Vol. XIV, N° 1, 1995, pp. 25-46. «Joaquín fue desempolvado para iluminar desde el siglo XII las distintas filosofías de la historia que surgirían con su impronta: Un final abierto y cargado de

es exaltado y aumenta la adoración al Padre.[11] Sin embargo, Steele no ve esta era como una de milagros y carismas extraordinarios del Espíritu. Sostiene que una persona puede ser llena del Espíritu Santo, un templo del Espíritu y no tener un don sobrenatural. El amor supremo, el amor hecho perfecto, es superior a todos los milagros concedidos.[12]

Steele elaboró su propuesta ética desde esta perspectiva del amor: «Conoces tu pequeña tarea y no la haces. Tú tienes una pequeña luz, pero cierras tus ojos y te niegas a usar lo que tienes. El moralista, viviéndose cristiano, no puede suplicar la perfección del paganismo».[13] De lejos este es un modelo que depende del grado de luz y la pasión por el deber cristiano, del amor supremo a Dios en su Hijo ligado a una perfecta moral.[14]

La obra en la que desarrolló mayormente esta propuesta es *Mile-Stone Papers* (1875). En ella, procura relacionar la santidad, la pentecostalidad y la apostolicidad. Analiza temas éticos, la experiencia pneumática y la visión del progreso respecto al cristianismo. En la edición de 1878 revisa su ensayo sobre la relación entre la justificación y la santificación, titulándolo *Righteousness Unto Sanctification*[15] (justicia hasta la santificación). Anteriormente, el ensayo lo había titulado *Righteousness unto Holiness* (justicia hasta la santidad). En ambas versiones, Steele reconoce un estado evangélico reformado de justificación, que precede a la santidad, apoyándose en Wesley, quien sostiene que «el hombre es justificado antes de ser santificado».[16] Sin embargo, el término *hagiasmos,* santificación, dice Steele, indica el acto divino santificador en vez de un estado de santidad, con lo cual solo se define un estado moral. El bautismo del Espíritu y la llenura con el Espíritu son expresiones que implican una entera santificación. [17] A partir de este ensayo, Steele comienza a relacionar la santificación con la experiencia pentecostal, dando lugar al debilitamiento de las

---

esperanza, una utopía que cuestiona, relativiza y desacraliza el presente, al tiempo que lo moviliza», p. 27.

[11] *Op. cit.*, p. 151.

[12] *Op. cit.*, p. 155.

[13] *Op. cit.*, p. 158.

[14] *Ibid.*

[15] D. Steele, *Mile-Stone Papers*, p. 39.

[16] *Op. cit.*, p. 39.

[17] *Op. cit.*, pp. 42-43.

consecuencias morales de la santidad y reduciéndose a la experiencia pneumática en sí.

En otro ensayo de la misma obra, titulado *Sanctification and Ethics,* aborda la relación entre la entera santificación y la moral natural del ser humano: sus contemporáneos premilenaristas, incipientes fundamentalistas, consideran que la perfección evangélica es una doctrina que tiende a separar la moral de la religión.[18] Los opositores al movimiento de santidad y a su teología lo ven en su época como un neonomismo, es decir, que enseña una nueva ley para la vida o un estilo de vida determinado, en lugar de afirmar la ley de la obediencia perfecta que fue dada a los primeros padres en el Edén y que jamás fue abrogada. Steele nuevamente reacciona, indicando que en el Nuevo Testamento encontramos que la ley del amor es la suma del deber humano, el cual absorbe dentro de sí mismo la sustancia de la ley de la perfección adámica:

> El perfecto amor es el perfecto cumplimento de la ley. Esta es la suma y sustancia de la enseñanza de Wesley respecto a esta doctrina. La suma de nuestros impulsos hacia lo correcto y hacia lo que Dios puede hacer absolutamente completo a través de su divina gracia.[19]

Steele concluye esta discusión admitiendo lo que denomina la paradoja wesleyana, expuesta en *Plain Account of Christian Perfection*, que la entera santificación es a la vez instantánea y gradual. La conciencia de pecado es instantánea, pero el sentido de discernimiento y percepción moral es imperfecto e igualmente la consiguiente práctica es gradual.[20] No obstante, debe reconocerse la paradoja, insiste Steele, que la santificación incrementa el poder de discernimiento moral, de un deseo de sujetarse a la ley de la santidad ética, en todos los actos.[21]

Esto se extiende a la visión de una santificación progresiva, por medio de un piadoso cultivo de nuestro intelecto, alcanzando más luz

---

18 *Op. cit.*, p. 122.
19 *Op. cit.*, pp. 125-126.
20 *Op. cit.*, p. 130. Ambas fases, según Steele se muestran en 2 Corintios 7.1 «Así que, amados, puesto que tenemos tales promesas, limpiémonos de toda contaminación de carne y de espíritu, perfeccionando la santidad en el temor de Dios».
21 *Op. cit.*, p. 129.

hoy para darnos cuenta de los errores de ayer y evitarlos en el futuro. Esto es ir «perfeccionando la santidad», mediante un trabajo progresivo, realizándola o llevándola a la práctica.[22] Esto va a ser precisamente lo que Steele añade a la sección moral del cristianismo en el *Compendio*.[23] En su obra *Love Enthroned* ya había sostenido que «tan amplio como es el pecado, así es en el mundo, el amor que debe combatir al mal».[24] Esto nos conduce a examinar a continuación desde estas presuposiciones ético-teológicas de Steele, su visión del ser humano.

El perfeccionismo y la ideología del progreso en la escatología de Steele

La idea de la santidad en la teología de la santificación desde la perspectiva de D. Steele, está menos ligada a una experiencia mística o de la «vida superior» que a las vivencias cotidianas y sociales de la santidad ética. Steele habla de la «santidad práctica» y del «ideal moral de la santidad».[25] Como hemos notado en su rechazo del antinomismo, el creyente no está libre de la ley moral; por consiguiente, la santificación está vinculada al progreso moral.[26] La moral es inseparable de la santidad. El progreso moral tiene que ver con el crecimiento del reino de Dios y con una visión optimista de la historia. No se puede negar, sostiene Steele, que la corrupción y el deterioro moral hayan avanzado, pero es «una perversión pesimista» creer que ya no hay más bendición e influencia espiritual del evangelio en el mundo.[27]

En la escatología del *Compendio* que notamos en el capítulo anterior, vimos que el posmilenarismo de Steele no sobrevivió mucho tiempo debido a la aparición del premilenarismo en el movimiento de santidad.

---

[22] *Op. cit.*, p. 128. Ver como el himno «Voluntarios de Jesús» (1907) en *Himnos de Gloria* (N° 64) refleja esta convicción: «Nos cercan las tinieblas densas del error, /Vamos sobre abismos de maldad/ y para destruirlas llama el salvador/ muchos voluntarios que amen la verdad. La lucha es contra el vicio, la pobreza, el mal/ contra la ignorancia de la ley de Dios;/es una campaña que no tiene igual. El triunfo significa que domine el bien/ que los hombres se amen, y que la verdad/ reine en las conciencias, siendo su sostén.

[23] D. Steele, *Compendio de teología* (1877), pp. 145-149. Ver *The Theological Compend* (1846), pp. 98-104.

[24] D. Steele, *Love Enthroned*, p. 22.

[25] A.M. Hills, «*Santidad y poder*», pp. 128-129.

[26] D. Steele, *A Substitute for Holiness or Antinomianism Revived*, pp. 110-111.

[27] *Op. cit.*, pp. 172-173.

Sin embargo, aunque con su pentecostalidad venía favoreciendo la relación avivamiento-santificación-premilenarismo, Steele insistió en fomentar la visión del progreso del reino de Dios en la historia. En esto fue seguido, sorprendentemente, por el movimiento de santidad y por premilenaristas de trasfondo presbiteriano, como James O. McClurkan (1861-1914). Para estos, la ética del reino, de trasfondo reformado, parece sobrevivir a su premilenarismo. T. Smith dice que McClurkan definió, en su columna «He aquí que viene», en la publicación periódica «Zion's Outlook», las repercusiones del premilenarismo para la teoría social y política.[28] Refiriéndose a McClurkan, dice Smith:

> … condenó tanto a los ricos por su explotación injusta de los pobres, como a los sindicatos de trabajadores por unir a sus miembros bajo una plataforma de lucha y avaricia. Cierto que estaba de acuerdo en que los pobres poco podían hacer en una nación gobernada por los que tenían el poder y las riquezas. A los protestantes de clase media, que sostenían el punto de vista progresista de Theodore Roosevelt, les escribió: «Si podéis, reformad la política, es una obra buena y grandiosa». Pero sólo el retorno a Cristo Jesús podría remediar la maldad política y económica. De esta manera, el pobre gozaría sus derechos, y tanto los millonarios como los sindicatos dejarían de existir.[29]

McClurkan enseñó y realizó en la Misión Pentecostal de Tennessee y las misiones de rescate entre los necesitados,[30] la ética social que sugiere la escatología y la ética de Steele, tanto en *A Substitue for Holiness* como en el *Compendio de teología*, para quien la propagación universal del

---

[28] T. Smith, *La historia de los nazarenos*, p. 214.

[29] *Ibid.*

[30] Nota del editor: La frase «misiones de rescate» carece de sentido religioso y cultural en español. Es una traducción literal de *Rescue Mission* o *City Mission* y su origen es exclusivamente evangélico anglosajón desde los inicios del siglo xix (aunque también se dio en Alemania). En las culturas hispánicas, obviamente católico-romanas, el concepto de *Rescue Mission* es foráneo e incomprensible culturalmente hablando, debido a la presencia durante siglos de las obras de caridad de parte de la Iglesia Católica con la ayuda del Estado hacia los estratos pobres y marginados de la sociedad. Las distintas órdenes religiosas han jugado un papel vital en esta función social de la iglesia. Las *Rescue Missions* surgieron en sociedades que se fueron industrializando vertiginosamente, atrayendo a la población hacia las ciudades y creando tremendas brechas de pobreza económica y espiritual.

evangelio por medio de la oración y el ejemplo de la iglesia cristiana conduce al triunfo final del reino.[31] McClurkan es más conocido en Latinoamérica y en las iglesias de santidad por su obra *Santificados por completo,* publicada en español en 1951. Así como Steele, define la santificación como la obra del Espíritu Santo y ve esta experiencia como un requisito cristiano de amor perfecto, y al amor como el cumplimiento de la ley.[32] Tanto Steele como McClurkan permanecieron en el metodismo.[33]

Las obras de Steele, al no ser traducidas al español, con excepción de las ediciones del *Comentario popular del Nuevo Testamento* (1872) y el *Compendio de teología* (1875), dejaron abierta el área de la ética a autores como McClurkan y a aquellos sobre los que más influyó, y que sí fueron traducidos, algunos a manera de resumen. Estos se encargaron de difundir la santificación como obra del bautismo del Espíritu Santo, dejando el amor perfecto como experiencia de la santificación a la libre interpretación según sus distintas repercusiones.

Aaron Merritt Hills, cuya obra traducida al español, *Santidad y poder*, texto abreviado de *Holiness and Power for the Church and the Ministry* (1897),[34] fue y es una de las más leídas hasta la actualidad en las iglesias de santidad en Latinoamérica. Es una obra y producción teológica contemporánea a la obra de Steele, cuya influencia teológica junto a otros autores, ha asido reconocida por Hills.[35] La traducción abreviada de *Santidad y poder* influyó considerablemente a los primeros misioneros del movimiento de santidad y a las primeras generaciones de pastores latinoamericanos de las iglesias de santidad.

En *Santidad y poder*, Hills se enmarca dentro de la doctrina del bautismo con el Espíritu que hace posible la santidad instantánea. Su visión consistía en que las iglesias evangélicas y sus ministros tuvieran «el bautismo con el Espíritu Santo» o «la unción general con el poder del Espíritu Santo» para «la conversión del mundo» o para «ganar al

---

[31] D. Steele, *Compendio de teología* (1877), pp. 124-125.

[32] J.O. McClurkan, *Santificados por completo*, pp. 15-16, 29.

[33] T. Smith, *La historia de los nazarenos*, p. 30.

[34] A.M. Hills, *Santidad y poder*, p. 2 . Otra de sus obras es *Scriptural Holiness and Keswick Teaching Compared* (1910), en el que ofrece una refutación parecida a la que hace Steele respecto a los Hermanos de Plymouth.

[35] A.M. Hills, *Santidad y poder*, p. 206.

mundo para Cristo» en diez años.[36] No contenía connotación alguna de apurar la venida de Cristo, como lo enseña el premilenarismo.[37] Para Hills «la santificación… es una experiencia que hace sentir su presencia en la conciencia», que influye sobre la moral, y en ello se acercó a la teología de Steele.[38]

En la reflexión teológica y la investigación socio-religiosa sobre el protestantismo de la santificación y su relación con el pentecostalismo, se trabaja con la hipótesis que procura explicar la conexión entre la espiritualidad de la pentecostalización moderna y la asunción de la ética social, asumidas por las iglesias de santidad en las primeras décadas del siglo XX y, posteriormente, por el pentecostalismo; y nuevamente por las iglesias de santidad en la reasunción de esa incursión en lo socio-político a mediados de la década de 1960.[39] Hills es tal vez el teólogo que abre el diálogo no sólo con la corriente de Oberlin y su praxis social, sino con la idea del progreso moral implícito en la escatología posmilenarista de la teología de la santificación, y que Steele la enseñó y defendió:

> Creemos que la presente dispensación es la más favorable para el desarrollo y crecimiento de la virtud, la cual este mundo verá por siempre; la futura dispensación que existe en los sueños de los milenaristas —el reino personal de Cristo en forma corporal sobre la tierra, intimidando la maldad y sujetándola por la reverencia a la majestad de su gloriosa presencia— no proporciona las pruebas requeridas para demostrar su credibilidad».[40]

Inicialmente, el premilenarismo se difundió de manera sorprendente con una agenda social y un espíritu misionero que heredó del posmilenarismo. Recordemos que después de la Guerra de Secesión

---

[36] *Op. cit.*, p. 10.

[37] D.H. Kromminga, *The Millennium in the Church*, p. 36.

[38] A.M. Hills, *op. cit.*, p. 36.

[39] Ver Eldin Villafañe, *El Espíritu liberador: Hacia una ética social pentecostal* (1996); Bernardo Campos, *De la Reforma protestante a la pentecostalidad de la iglesia* (1997); Douglas Petersen, *No con ejército ni con fuerza* (1996). Darío López, *Pentecostalismo y trasformación social* (2000).

[40] D. Steele, *A Substitute for Holiness*, p. 200.

estadounidense y a fines del siglo XIX esta visión escatológica contribuyó al avivamiento religioso, a la renovación del entusiasmo misionero y al crecimiento del fervor por la evangelización de todo el mundo, lo cual se consideraba que apresuraría el milenio y la segunda venida de Cristo. Estas circunstancias renovaron la esperanza en la iglesia como agente de una reforma social, y un nuevo orden de paz, salud y prosperidad.[41]

Entonces, lo que tenemos en Hills es un sustento para la obra misionera y el fervor evangelístico desde la perspectiva de la santidad, como estilo de vida consecuente e influyente en la sociedad con las señales del reino de Dios. Hills observa que «los mejores miembros» rechazan a Cristo en su orgullo y vanidad mundana, mientras su personal de servicio, sus mayordomos, sus vecinos más pobres, visten la pureza de una vida santa, y cita a Steele encausando así el cruce de la frontera hacia los pobres, que va a caracterizar el desplazamiento misionero de las iglesias de santidad latinoamericanas:

> …sobre el asunto práctico del alcance de la salvación evangélica, del pecado por el poder del Espíritu Santo, la minoría ignorante que ha puesto a prueba la doctrina podrá tener un conocimiento mucho más profundo que la mayoría entendida de los magnates de la iglesia, que nunca han sometido el asunto a la prueba de la experiencia personal. En este caso, el testimonio de la persona más pobre e ignorante puede pesar más que la opinión de todas las facultades de todos los seminarios. La experiencia pesa más que la teoría; la fe hace que la filosofía no valga ni tres céntimos.[42]

Dos factores se traslucen: la revaloración del evangelio entre los pobres y la desvaloración de la teoría frente a la práctica. El movimiento de santidad, aunque se alejó de la corriente del evangelio social porque le parecía que se alejaba de las doctrinas evangélicas y desestimaba los avivamientos, adoptó su praxis social, que coincidía con la confrontación del pecado social desde los avivamientos.[43] Esto animó al cruce de las fronteras sociales en las misiones, en cuyos nuevos espacios socio-religiosos, la experiencia con el Espíritu Santo no condujo solamente a

---

41 George L. Murray, *La segunda venida*, pp. 94-95.
42 A.M. Hills, *Santidad y poder*, p. 139.
43 T. Smith, *La historia de los nazarenos*, pp. 14-15.

una vida de santidad individual, sino que esta se vio confrontada por la necesidad de «poner a prueba» el componente del «amor perfecto» en la relación con la sociedad.

El otro factor sobre la valoración de la experiencia, lo lleva a Steele a preocuparse por la interpelación que sufre lo teórico y por consiguiente a la racionalidad filosófica. Esto es un tanto distante del anti-intelectualismo que va a caracterizar al pesimismo fundamentalista. T. Smith ha procurado demostrar que la relación entre el movimiento de santidad y el fundamentalismo fue respecto a la coincidencia, de algunos, en el premilenarismo. Pero los artículos de fe de las nuevas denominaciones, que surgieron del movimiento, no fueron modificados y cuando el fundamentalismo radicalizó su calvinismo en la década de 1920 con el liderazgo de J. Gresham Machen, la diferencia quedó aclarada, aunque otros elementos ideológicos volvieron a restablecer la relación.[44] Uno de estos elementos fue la idea que «el futuro de la iglesia estaba en separarse al máximo de la cultura, ya que el "verdadero futuro" no está en esta era, sino en la era por venir».[45]

Es necesario notar que el *Compendio*, al continuarse publicando en su forma concisa por motivos didácticos, coincidió en forma con la tendencia a formulaciones dogmáticas simples que va a desarrollar el fundamentalismo.[46] Esta coincidencia en la concisión alejó a la iglesia de la reflexión que planteaba el *Compendio* a través de preguntas en todas las secciones de la obra, las que fueron eliminadas en las ediciones en español después de la década de 1930. Esto contribuyó a la gestación y desarrollo del anti-intelectualismo, que caracterizó a la segunda oleada de misioneros del movimiento de santidad de la década de 1930, quienes transformaron las escuelas para la formación de niños[47] y jóvenes en institutos bíblicos.[48] La formación teológica recién

---

[44] *Op. cit.*, pp. 362, 365.

[45] Carlos Cañeque, *Dios en América*, p. 50.

[46] R. Hofstadter, *Anti-intelectualismo en la vida norteamericana*, p. 84.

[47] M. Rundell, *The Mission of the Pilgrim Holiness*, p. 32. La enfermera Isabel Vásquez y su esposo Melchor Vásquez añadieron al servicio de enfermería una escuela en 1924, en Chiclayo, Perú.

[48] *Op. cit.*, pp. 37, 70. James M. Spencer tuvo su experiencial de conversión bajo el ministerio de S.C. Rees, el primer superintendente de la Iglesia de los Peregrinos de Santidad. Sin haber terminado la educación secundaria y con breves estudios en la Escuela para Obreros Cristianos, de California, llegó como misionero al Perú.

se amplió en la década de 1950 cuando la *Introducción a la teología cristiana* de Wiley y Culbertson fue traducida al español,[49] ya dentro de esa tercera fase en la teología de la santificación que ha identificado W.M. Greathouse, tras la fase de Steele.[50]

El anti-intelectualismo se convirtió en un conflicto en el cruce entre la experiencia pneumática individual y el optimismo por el progreso espiritual y moral del mundo. La experiencia con el Espíritu Santo condujo a Steele a la radicalización personal de su compromiso con la santificación y a la exigencia de un estilo de vida con una ética de santidad. Según su testimonio, abandonó todo bien terrenal, reputación, propiedades, amigos y afirmó: «No quiero nada sino a Cristo, nada sino a él en la tierra o en el cielo».[51] Hills ve en Steele una sensibilidad de conciencia y de interpelación de las prácticas comunes dudosas. Hills vuelve a citar a Steele, quien parafraseando a Hebreos 5.14, define la «perfección cristiana» como una vianda firme para los que han alcanzado la perfección, para los que por la costumbre (el hábito), tienen los sentidos (espirituales) ejercitados en el discernimiento del bien y del mal. «El amor es el medio por donde el ojo espiritual discierne claramente, si acaso no es el ojo espiritual mismo, como Juan implica: "El que no ama no conoce a Dios"».[52] Esta ética teológica y las vivencias de Steele han sido más conocidas en Latinoamérica a través de Hills, cuyo obra *Santidad y poder* complementa la sección del *Compendio* sobre la moral del cristianismo, y que se concentra en los deberes para con Dios, con el prójimo y con uno mismo, que constituyen leyes morales sintetizadas en la práctica del amor.[53]

El movimiento de santidad y la idea del progreso en sus más notorias expresiones son coincidentes. Son corrientes de ideas paralelas,

---

Entre 1928 y 1936, la tensión sobre la obra social concluyó con el cierre de la escuela primaria y la inauguración de un instituto bíblico. Ver C. Cañeque, *op. cit.*, sobre el rol que desempeñaron los institutos bíblicos en la conexión entre premilenarismo y fundamentalismo, p. 30.

[49] H. Orton Wiley y Paul Culbertson, *Introducción a la teología cristiana* (1948).

[50] W.M. Greathouse, «Desde Wesley hasta el movimiento de santidad americano». W.M. Greathouse y Paul M. Bassett, En *Explorando la santidad cristiana*. Tomo 2. Los fundamentos históricos.

[51] *Op. cit.*, pp. 192, 193, 203.

[52] *Op. cit.*, pp. 217-218.

[53] D. Ateele, *Compendio de Teología.*, p. 128.

una religiosa y otra secular, que convergen constantemente. Históricamente, los avivamientos se han encargado de mostrar la imperiosa necesidad de repercusiones sociales ante el aumento de la espiritualidad. Esto ha pasado a ser una especie de parámetro para reconocer que un movimiento de radicalización de la espiritualidad y la responsabilidad social, en un determinado tiempo y espacio constituye un avivamiento.

En el debate y rechazo del premilenarismo del incipiente dispensacionalismo, Daniel Steele por medio de su obra *A Substitute for Holiness or, Antinomismo Revived or, The Theology of the so-called Plymouth Brethren Examined and Refuted*, publicada en 1899 en Boston, le dio al movimiento de santidad una afirmación escatológica del reino de Dios como algo ya iniciado en la historia y en el cual la iglesia juega un papel fundamental. Steele sigue la visión escatológica de Juan Wesley,[54] la que ha sido descrita como escatología realizada o anticipada, aunque el reino presente lo veía sólo como interno, sin relación con la cultura y las estructuras sociales.[55] No obstante esto, se desarrolla una visión de la historia que ve la presente era como la era del Espíritu Santo, en la que aparece la santidad total y cierta victoria sobre el mal, que el optimismo en la transformación social del posmilenarismo del movimiento de santidad de fines del siglo XIX y comienzos del siglo XX logró conservar.

El posmilenarismo fue una afirmación escatológica de la teología de la santificación, que heredó el movimiento de santidad de su trasfondo metodista y reformado. Steele había observado, al analizar la conferencia profética de 1878,[56] que el premilenarismo era más

---

[54] Daniel Steele, *Why I Am Not A Premillennialist*. The Methodist Review, vol. 93 (mayo de 1911). Ver también Charles Munger, «Christ's Comings», apéndice en D. Steele, *Antinomianism Revived*, p 274. Wesley sostiene que la segunda venida es después del milenio en su *Sermón sobre el Gran Tribunal*.

[55] Eunice R. Bryant, *La teología en acción: la teología de Juan Wesley*, p. 633. Donald Dayton, *op. cit.*, pp. 105, 108. Ver J. Wesley *Perfección cristiana*, p. 16. Ver también Colin W. Williams, *La teología de Juan Wesley*, pp. 149-157. «Wesley destaca la escatología realizada... Se puede ver esto en la relación entre su pesimismo sobre la naturaleza y su optimismo de la gracia, y llega a su punto culminante en su enseñanza sobre la santidad. Wesley esperaba que la obediencia resultase en una transformación social».

[56] Nota del editor: A estas alturas, nos vemos en la necesidad de aclarar el fenómeno de las «conferencias proféticas», como la de 1878, que se cita frecuentemente en esta obra. Pues, las conferencias proféticas son un fenómeno exclusivamente protestante inglés

aceptado entre los sectores de tradición reformada.[57] Pero, la teología de Steele consiguió relacionar la perfección cristiana, como perfección del ser humano, con el ideal del progreso humano, como hemos notado en la escatología posmilenaria del *Compendio de teología* y en *A Substitute for Holiness or Antinomianism Revived*.

El avivamiento de fines del siglo XIX en Norteamérica tuvo que confrontar su concepción del ser humano y su visión escatológica con los cuestionamientos causados por una Guerra de Secesión y los conflictos, aunque distantes, que condujeron a la Primera Guerra Mundial.

La escatología y la ética del movimiento de santidad en la crisis hacia un nuevo movimiento que restaure el ethos de la iglesia antigua

Disminuida la influencia del movimiento de Oberlin, de Charles Finney, el movimiento de santidad durante y luego de los avivamientos posteriores a la Guerra de Secesión, fue gestando una teología que se mantuvo inicialmente dentro del metodismo como una corriente heterodoxa. La escatología de esta teología experimentó un cambio notorio. Primero, pasó del posmilenarismo al premilenarismo histórico con la revisión escatológica que hizo James McClurkan, y más tarde se transformó en una postura premilenarista dispensacional.

La instalación del tema escatológico en el movimiento de santidad estuvo precedida de un cuestionamiento contra la iglesia de su época y contra su ética. Como los creyentes de principios del siglo XIX, los del movimiento de santidad de fines de ese siglo, creían que el desarrollo religioso de la cristiandad había experimentado un proceso sociopolítico corrupto que afectó mayormente a congregaciones metodistas, congregacionalistas y presbiterianas, degradando por ende

---

y estadounidense, que surgieron en el siglo XIX, y cuya obsesión por interpretar la profecía bíblica los llevó a crear un sinnúmero de posturas, vertientes y especulaciones tanto ortodoxas como heterodoxas. Además, se debe tener presente que la traducción literal «conferencia» es un calco del término religioso inglés *conference*, y que según su significado original no equivale a «conferencia» (en su sentido moderno) sino más bien a una consulta o una asamblea de representantes religiosos.

[57] Daniel Steele, *A Substitute for Holiness…*, pp. 194-195. Donald Dayton, *op. cit.*, p. 117.

el ideal de la pureza del evangelio del reino de Dios en el paradigma del cristianismo primitivo.[58] El objetivo de la renovación espiritual intentaba volver a las condiciones del cristianismo primitivo. De esta forma, buscaron nuevas alternativas para volver a recuperar la pureza evangélica.

La corriente escatológica posmilenarista en el marco del avivamiento

El movimiento de santidad se gestó en el marco de la escatología posmilenarista que predominó en siglo XIX y cuya enseñanza fundamental consistía que con el avance del milenio los principios cristianos serían aceptados por las personas y las naciones, el pecado se reduciría y la humanidad mejoraría en armonía y prosperidad. La predicación del evangelio habría de llevar al siglo del progreso espiritual[59] y la era presente desembocaría en un milenio a medida que haya más convertidos al cristianismo por la predicación.[60] A esto, el MS añadía la enseñanza del surgimiento de la ética de santidad personal y social contenida en el ideal de perfección cristiana.

El posmilenarismo fue una reacción positiva a la modernidad y a la necesidad de responder a los efectos de la industrialización, la migración, la pobreza y las nuevas ideologías. La idea del progreso moral y espiritual del ser humano, por causa de la influencia del evangelio, fue una preocupación que se desarrolló paralela a la corriente del evangelio social. Esta corriente teológica tuvo una corta vida, pero de sus propuestas surgió un accionar y compromiso con la fidelidad al evangelio del reino de Dios. El movimiento de santidad compartió con la corriente del evangelio social la responsabilidad social, aunque no tanto en sus presuposiciones, pero sobrevivió con una praxis sin articulación con la ética social. El posmilenarismo fue la visión de la historia que mejor se ajustaba a los desafíos de la tarea misionera a fines del siglo XIX.

El posmilenarismo acompañó a los avivamientos norteamericanos e involucró con su visión del progreso a muchas personas, no sólo en

---

58 R. Hofstadter, *Anti-intelectualismo en la vida norteamericana*, p. 80.
59 Timothy Smith, *La historia de los nazarenos*, p. 12.
60 A. Hoekema, *La Biblia y el futuro*, pp. 201-206.

la toma de conciencia de la situación espiritual y moral de la sociedad sino también en responder espontáneamente a necesidades sociales específicas. El primer gran avivamiento de 1730-1760, exaltó la fe individual frente al orden establecido por la jerarquía religiosa, esto tuvo implicaciones políticas considerables. El segundo avivamiento de 1800-1830, puso el acento sobre el hombre común, rechazó nuevamente a las autoridades religiosas y añadió el rechazo a los políticos. Echó a la burguesía terrateniente de Washington e hizo ingresar al partido demócrata. El tercer avivamiento desde fines del siglo XIX hasta la guerra de 1914 se destacó por la transformación de un sector importante de los miembros no practicantes de las iglesias metodista y presbiteriana, entre otras, en miembros comprometidos con el movimiento de santidad y la consecuente renovación ética individual y social, de acuerdo a los valores del reino, esto es, la justicia, la paz y la alegría en el Espíritu Santo, tal como Wesley lo había interpretado.[61] El avivamiento restableció la necesidad del llamado a la conversión y el testimonio público del nuevo nacimiento, mediante el rebautismo. El avivamiento exaltó la sencillez rural y denunció a la ciudad como corrupta y a la industria que «crucifica al pueblo en una cruz de oro».[62]

Los símbolos de lo que se conoce como el tercer avivamiento, aparecieron con una fuerte corriente posmilenarista y probablemente tuvieron incidencia en la campaña antiesclavista, tanto como la denuncia del abuso de los monopolios.[63] El avivamiento impulsó al movimiento de santidad a que dejase tan solo de preservar la antigua fe y se involucrase en solucionar los problemas de los sectores menos favorecidos de la sociedad. El sentido del progreso llevó a atacar problemas sociales descuidados por la corrupción política y causantes de la pobreza y el crimen.[64]

Dentro del progresismo posmilenarista se llegó a hablar incluso en uno de periódicos del movimiento, *Holiness Evangel*,[65] de la necesidad de una reforma política, observando que el poder comprado con el dinero gobernaba el mundo, pues los políticos habían vendido sus

---

[61] Juan Wesley, «Camino del reino» en *Sermones*, pp. 102-116.
[62] Guy Sorman, *La revolución conservadora*, pp. 117-118.
[63] T. Smith, *La historia de los nazarenos*, p. 231.
[64] *Op. cit.*, p. 233.
[65] *Ibid., m*encionado por T. Smith.

principios y su honor. El discurso del avivamiento y la santificación invocaba a los evangélicos a que hicieran lo posible para corregir estos males, aunque sus últimas esperanzas descansarán en el Señor Jesucristo para formar su reino.[66]

La corriente posmilenarista inspiró en el MS cruzadas a favor de libertad de la mujer, de un mejor uso de los impuestos, de la reforma de los gobiernos municipales que descuidaban a los pobres, de la integración de los inmigrantes, por la atención de los colonos necesitados, de defensa de los negocios pequeños ante los monopolios, por el mejoramiento de las oportunidades de educación para los hijos de los pobres, de honestidad en la administración de los fondos dedicados a la educación y de promover la democracia.[67]

El perfeccionismo y el avivamiento tenían un discurso sin el cual no podrían sostenerse este último, este era el evangelio del reino o el reino de Cristo «aquí y ahora». Es en el reino donde la historia adquiere significado.[68] El reino de Dios está ingresando en la historia, por ello el mundo debe convertirse. No solo se predica este evangelio, sino que se desafía a reorganizar la sociedad de acuerdo con la ley y el reino de Dios.[69] Este es el marco teológico en que se cultiva la idea del progreso espiritual y moral de la humanidad. Toda la historia avanza hacia una meta, la redención cósmica. Si bien se trataba de un utopismo propio del siglo XIX, del que el hombre del siglo XX fue alejándose, no obstante, el movimiento de santidad en su avance y forma de hacer misión conservó algo de aquel utopismo por la manera en que encaró el origen y la primera fase de sus obras misioneras.[70]

Sin embargo, Nicolái Berdiáyev (1874-1948) elaboró una crítica al concepto del progreso que pasó del siglo XIX al XX con una perspectiva optimista. Berdiáyev lo vio como «ingenuo utopismo»[71] y se interesó por la escatología y la idea del progreso.[72] Al respecto, dice Berdiáyev:

---

[66] *Ibid.*

[67] *Op. cit.*, p. 231.

[68] A.A. Hoekema, *La Biblia y el futuro*, pp. 51-52.

[69] T. Smith, *Revivalism and Social Reform*, p. 225.

[70] A.A. Hoekema, *op. cit.*, pp. 49-50.

[71] *Ibid.*

[72] Nicolái Berdiáyev, filósofo ruso, originalmente marxista, se acercó a la religión ubicando la libre personalidad del hombre en un principio increado y cuya creación lo asemeja a Dios, en *Breve enciclopedia de filosofía y psicología*, p. 40; A. Klimov,

> La teoría optimista del progreso, que excluye todo lo trágico, teoría que los marxistas han hecho suya, representa la tragedia del tiempo portador de la muerte, tragedia que en la antinomia extrema es inexcusable y que transforma a los hombres en medio para lo porvenir. Esta tragedia no puede encontrar su desenlace más que en la cristiana fe de la resurrección. (…) Sólo puede ser perfecto y armónico el reino de Dios, el reino del espíritu, no el reino del César; y este reino de Dios no es concebible más que escatológicamente.[73]

Anthony Hoekema desde su perspectiva reformada, que ve la historia como la historia del reino de Dios que va controlando, dominando y finalmente conquistando el reino del mal, observa algo de esto en el pesimismo de Berdiáyev cuando este afirma que no hay un verdadero progreso, sino un ascenso seguido por descenso.[74] Es a este descenso que parecería acometer el discurso y la praxis del avivamiento y la perfección.

Es sugestivo notar, siguiendo esta crítica de Berdiáyev, que hasta la década de 1930, Aarón M. Hills, discípulo de Finney, graduado de Oberlin, a quien Donald Dayton considera el primer teólogo sistemático del movimiento de santidad, continuó discretamente con su convicción en la segunda venida posmilenaria de Jesucristo.[75] Hills, escocés de trasfondo congregacionalista, publicó en 1931, en Pasadena, California, *Fundamental Christian Theology*.[76] Y como lo observa Dayton, ya se había impuesto el premilenarismo, por lo que en la escatología de esta obra se propusieron las dos corrientes, la posmilenarista escrita por

---

Nicolás Beardiev, Introducción a su vida y obra. Ver Beardiev, Nicolai, «El fracaso de la historia y la transfiguración escatológica», de Jules Chaix-Ruy, en *Beardiaeff,* pp. 122-141; Nicolas Berdiaeff, *El cristianismo y la lucha de clases,* pp. 111-154. Ver también «…una tangente existencialista del personalismo (a la que se aproximan Beardiev…)» Emmanuel Mounier, *El personalismo,* p. 11.

[73] Nicolás Berdiaeff, *Reino del espíritu y reino del César*, pp. 189, 193.

[74] A.A. Hoekema, *op. cit.*, pp. 50-51.

[75] Donald Dayton, *Raíces teológicas del pentecostalismo* p. 118. Véase también Grider J. Kenneth, *Entera santificación,* pp. 72-73, 109; Timothy Smith, *La historia de los nazarenos*, p. 319.

[76] Donald Dayton, *op. cit.*, p. 45. Ver W.C. Miller, *Holiness Works a Bibliography*, p. 47; O. Wiley, *Christian Theology*, vol I, p. 97; Timothy Smith, *La historia de los nazarenos*, p. 189.

él y la otra, que fue escrita por un premilenarista.[77] Las convicciones posmilenaristas sufrieron gradualmente una exclusión en las instituciones del movimiento de santidad.[78]

William M. Greathouse, teólogo nazareno, ve el proceso de la teología del movimiento de santidad, en el que se pueden notar tres momentos; el primero, que se gesta desde Oberlin, con Asa Mahan y Charles G. Finney; luego, una fase intermedia fundamental que va del pensamiento y escatología posmilenarista de Daniel Steele hasta la nueva época iniciada por H. Orton Wiley.[79] Teólogos como Hills, dependieron de la teología que les fue contemporánea en la lectura de los avivamientos. Como veremos más adelante, Hills en su obra *Santidad y poder*, cita tanto a Mahan y Finney como a Steele, mostrando la continuidad y demostrando que la nueva propuesta en la teología del movimiento no debería ser incompatible respecto a la experiencia del bautismo con el Espíritu Santo con lo académico.[80] La doctrina de la justificación como un cambio de estado, y la santificación como un cambio de naturaleza hacia el amor perfecto y la madurez en la gracia, conducía a una experiencia indispensable para la vida presente; esto la relaciona con el posmilenarismo.[81] La nueva lectura pneumática de Steele en torno a la experiencia es que esta no debería alejarse de la relación con el presente y la necesidad de un cambio social e influencia moral.

Hills aprecia que Steele, siendo profesor de la Universidad de Boston, se haya sumergido en la corriente de la pentecostalidad, como dinamizador del posmilenarismo y la responsabilidad social.[82] La idea de una persona que se relaciona a su comunidad, con una moral y una capacidad de amar y cambiar su entorno, interesó al mundo académico. Steele se mueve en el contexto de estas ideas, que van de Kant al personalismo del siglo xx.[83] La espiritualidad, más tarde en

---

[77] D. Dayton, *op. cit.*, p. 118.

[78] Timothy Smith, *op. cit.*, p. 319.

[79] William M. Greathouse, «Desde Wesley hasta el movimiento de santidad americano», en Paul M. Bassett y W.M. Greathouse, *Explorando la santidad cristiana*, Tomo 2. Los fundamentos históricos, pp. 301-320.

[80] A.M. Hills, *Santidad y poder*, p. 139.

[81] Amos Binney, *The Theological Compend* (1846), p. 83.

[82] T. Smith, *La historia de los nazarenos*, p. 62.

[83] Emmanuel Mounier, *El personalismo*, p. 11.

Mounier y en Berdiáyev, estará presente en la visión del cambio social,[84] afirmando que esta, «no era tan solo una bendición apostólica, sino para todas las edades».[85] Hills también posee la convicción de que «la unción del Espíritu Santo es el camino real a toda sabiduría. Esto es especialmente cierto en la comprensión profunda de la teología. De ello que el Espíritu Santo sea el único conservador de la ortodoxia». [86] El sistema y la norma evangélica, sostiene Hills, otorgan a la divinidad de Jesucristo el rol de doctrina que protege el sistema teológico, y a la reverencia al Espíritu Santo como indefectiblemente una norma evangélica.[87] El rechazo u oposición a estas afirmaciones pneumáticas se debe a que fueron vistas como heterodoxas, como hemos visto en el primer capítulo.

Steele conjugaba la espiritualidad con la ética y la visión del progreso de la humanidad, así lo entendió también Hills. La salvación tiene que ver fundamentalmente con la restauración del ser humano a la santidad, dice puntualmente:

> El deseo, el anhelo, el mandato del Dios trino es que todo ser moral en el universo sea santo. A este fin se dirigen la obra de expiación por el hombre y los impulsos del Espíritu Santo. La santidad es el gran objeto de la revelación de Dios al hombre.[88]

La corriente premilenarista en la escatología del movimiento de santidad

El paso a una fase de predominio de la corriente premilenarista en la escatología del movimiento de santidad tiene que ver por lo menos con dos factores: la radicalización de la pentecostalidad, transformada en pentecostalización, y la visión de la historia de parte del fundamentalismo. Además, como tercer factor se encuentra la lectura teológica del avivamiento, que se realiza después de la segunda

---

[84] *Op. cit.*, p. 142.

[85] *Op. cit.*, p. 162.

[86] *Op. cit.*, p. 219.

[87] *Ibid.*

[88] *Op. cit.*, p. 208. Nótese el énfasis trinitario en la relación entre espiritualidad y responsabilidad social en lo que José Míguez Bonino ha insistido en *Rostros del protestantismo latinoamericano*, pp. 105-124.

conferencia profética de 1886, a partir de la cual se comienza a rechazar el posmilenarismo y enfatizar la tarea de la evangelización para apresurar el retorno de Cristo.[89] Evidentemente, este énfasis en la evangelización es distinto al del posmilenarismo, que enfatiza la evangelización como un avance del reino.

Desde las tradiciones cuáqueras al interior del movimiento de santidad, el avivamiento es visto, inicialmente, como la reaparición de las señales y los milagros. [90] Para los de tradición metodista y reformada, el avivamiento reconstruye la ética individual y social, incluye la educación en la lucha contra las adicciones, promueve la libertad religiosa y el respeto a las minorías étnicas afroamericanas.[91] Las lecturas del avivamiento fueron añadiendo nuevos temas al MS. La predicación acerca de la segunda venida personal y premilenaria, no fue considerada parte de la obra de la santificación, pero tampoco se desestimó como una doctrina que no fuera reafirmada por los que preferían enfatizar y clarificar la experiencia del amor perfecto.[92] Sin embargo, el sector más radical del movimiento relacionó la santidad con la predicación premilenaria, con la cual nuevamente la ética y la escatología volverían a estar juntas, si bien esto produciría una escatopraxis, no obstante, marcada por el pesimismo. La ética individual se acentuó al abandonarse la esperanza de que por la predicación del evangelio el mundo podría llegar a ser moral y por consiguiente socialmente mejor.

Tras la crisis de los carismas en el MS, esto es, la reacción a la práctica de la glosolalia y la expectativa de la sanidad, a fines del siglo XIX y comienzos del siglo XX, e instalada la pentecostalización, el tema de la segunda venida de Jesucristo se convirtió en el primer momento

---

[89] D.H. Kromminga, *The Millennium in the Church*, p. 232.

[90] D. Dayton, *Raíces teológicas del pentecostalismo*, p. 61. Seth C. Rees, uno de los fundadores de la Iglesia de los Peregrinos, como Iglesia Peregrina del Pentecostés, era cuáquero.

[91] Merton R. Rundell, *The Mission of the Pilgrim Holiness*. Willis C. Brand (1876-1961) el primer misionero de la Iglesia de los Peregrinos llegó al Perú en 1904. Se formó en la Primera Iglesia Metodista de Pomona, California y en el Deet's Pacific Bible College, Colaboró con el Ejército de Salvación y fue llevado a la obra misionera en Latinoamérica por Pablo Penzotti, quien era pastor de la Iglesia Metodista Mexicana de los Ángeles, pp. 8, 10, 32.

[92] T. Smith, *La historia de los nazarenos*, p. 149.

teológico que promovía la reconstrucción del *ethos* y los carismas de los primeros cristianos, pero en el sentido de misión apostólica que apresura la parusía. Esta escatología, específicamente la segunda venida de Cristo para establecer su reino terrenal llegaría a ser el elemento integrador de la futura pentecostalización, consolidando el vínculo entre lo escatológico y lo pneumatológico.[93] Hace su aparición, entonces, la cristología cuadrangular que se completa con el énfasis en la segunda venida premilenaria: Cristo salva, santifica, sana y viene otra vez. Alberto Benjamín Simpson (1845-1919), ministro presbiteriano, sistematizó estos discursos cristológicos en el libro *El evangelio cuádruple* (1890),[94] acentuando su postura premilenarista de la segunda venida y clarificando sus diferencias con el posmilenarismo. Simpson enseñaba que la segunda venida no significaba la venida al corazón del cristiano individual; que no queremos decir la venida espiritual de Cristo por la extensión del Evangelio y el progreso de la cristiandad; y que el milenio es un período durante el cual Cristo reinará con sus santos en la tierra.[95]

Entre tanto, el sector que se oponía a los carismas en el movimiento de santidad continuó reafirmando su énfasis en la moral cristiana y en las señales del reino de Dios en la misión de la iglesia. Esto se ha visto como una relación entre el avance de la vida de santidad y la necesidad de la expresión social de la santidad, tal como vive el ms en la misión, por ejemplo, en el norte del Perú. La tensión se nota en las ideas de uno de los dirigentes de la segunda generación del movimiento de santidad, más entusiasmado con el premilenarismo, pero de trasfondo cuáquero, Seth C. Rees, 1854-1933). Con él la perspectiva de las nuevas iglesias de santidad cambió radicalmente. En respuesta a las corrientes que separaban la responsabilidad social y la piedad personal, Rees sostenía que la espiritualidad del servicio y el sacrificio solo podría vivirse fuera de la iglesia.[96] La relación entre iglesia y reino se traslada a una relación movimiento-extraeclesial-reino, que va a caracterizar

---

[93] *Op. cit.*, p. 99.

[94] A.B. Simpson, *El evangelio cuádruple*, (1952), traducción de la reimpresión de *The Four-Fold Gospel* (1890). Ver el Apéndice: *Christ's Comings: Was Wesley a Premillennialist?* de C. Munger a la obra de Steele *A Substitute for Holiness*, pp. 275-278.

[95] A.B. Simpson, *op. cit.*, pp. 54-57.

[96] T. Smith, *op. cit.*, pp. 330-331.

a la pentecostalidad de santidad, hasta que se institucionaliza en denominaciones. El ideal inicial de preservar la doctrina de santidad y practicar un sistema opuesto a la cultura, y vida coherente ante la crisis moral y los cambios sociales y religiosos de la relación iglesia-reino comenzó a ser abandonado.

El posmilenarismo, para la primera generación del movimiento de santidad, significaba compromiso con el servicio a los pobres, hasta el punto de considerar que «el símbolo del cristianismo no debía ser una cruz ni una corona, sino una toalla».[97] El premilenarismo significaba no solo el abandono de esta responsabilidad social sino, otra vez, una espiritualidad que cuestionaba la institucionalización, la práctica misionera doméstica del movimiento y las nacientes denominaciones, por no someterse a la dirección del Espíritu Santo y haberse sometido a patrones mundanos.[98]

Al fundarse los principales cuerpos eclesiales del protestantismo de la santificación de fines del siglo xix y en las primeras décadas del siglo xx, la pentecostalidad queda instalada como una corriente que empieza a modificar el incipiente sistema teológico, no solamente en el tema de la relación entre la justificación y la santificación, sino que también empieza a redefinir la relación entre la iglesia y el reino. Seth C. Rees había escrito en 1897 *The Ideal Pentecostal Church*,[99] cuyas enseñanzas influyeron considerablemente a las nacientes denominaciones de santidad, los peregrinos y los nazarenos. Estas inicialmente llevaban el nombre de Iglesia Pentecostal del Nazareno[100] e Iglesia Peregrina del Pentecostés.[101]

El premilenarismo se convirtió en un tema que divide al MS, tanto como el tema de los carismas.[102] No obstante, el tema de la sanidad

---

[97] *Ibid.*

[98] Nota del editor: Nos hemos visto en la necesidad de cambiar el verbo que el autor usa en el manuscrito original, «mundanalizar», por ser este un verbo que no solo no existe en el léxico español sino que también es un término muy usado en las comunidades evangélicas (tanto ortodoxas como heterodoxas) y que, dicho sea de paso y en tono con el análisis de este libro, manifiesta la postura general de rechazo contra todo lo que sea «mundano».

[99] W.C. Miller (ed.), *Holiness Works a Bibliography*, p. 66. Ver también D. Dayton, *Raíces teológicas del pentecostalismo*, p. 59.

[100] D. Dayton, *Raíces teológicas del pentecostalismo*, p 59.

[101] *Manual de la Iglesia de los Peregrinos*, p. 10.

[102] T. Smith, *La historia de los nazarenos*, pp. 148-149.

fue asimilado al llegarse al convencimiento de su fundamento bíblico y de la continuidad de ese carisma,[103] a diferencia de la glosolalia, que consideraron había cesado en el *ethos* de la iglesia primitiva.[104] La misión de la iglesia pasó a ser la predicación de todo el evangelio: la salvación de todo pecado, la vida de santidad, la sanidad divina y la venida premilenaria de Jesucristo.[105] Es interesante notar que, no obstante esta radicalización premilenarista, es evidente que la frase «su campo es el mundo», con la que termina el artículo de fe sobre la misión de la iglesia, de una de las denominaciones de santidad, retoma la visión wesleyana fundamental para la misión, »mi parroquia es el mundo», sin la cual el posmilenarismo no habría tenido el impulso que tuvo como «escatopraxis» que convivió simbióticamente con el premilenarismo en la declaración de fe.

La visión de la historia cambia en esta fase premilenarista. No hay esperanza en el progreso en la historia. Al fusionarse el premilenarismo y el fundamentalismo, la perspectiva de la historia de la salvación comienza a verse inevitablemente como dividida en el siguiente sistema de dispensaciones o eras: la de la inocencia, de la conciencia, del gobierno civil, de la promesa, de la ley, de la gracia y del reino milenario. Al final de la historia humana, acontecerá un cataclismo sobrenatural bajo el control divino, lo cual culminará con la segunda venida de Cristo, y que inaugurará un período de paz y justicia cuando Cristo, junto con sus santos, tome el control del mundo.

En el premilenarismo dispensacionalista, bajo la influencia del fundamentalismo, no hay esperanza en el progreso en la historia, se concibe al hombre como objeto de la historia y no como sujeto de esta. Pablo Deiros lo explica de esta manera:

> La acción de Dios en la historia es consecuentemente un modelo, el cual ha sido determinado fuera de la historia y que será el que termine forzando la acción humana. La visión histórico-social del fundamentalismo es de este modo guiada por un determinismo histórico.[106]

---

[103] *Manual de la Iglesia de los Peregrinos*, p. 23.
[104] *Op. cit.*, pp. 21-22.
[105] *Ibid.*
[106] Pablo Deiros, «Protestant Fundamentalism in Latin America» en Martín E. Marty and

Esto es lo que había observado también Steele, respecto a la forma premilenaria del establecimiento del reino, cuando cuestionaba una conversión masiva para establecer el reino, en el que se debe hacer indefectiblemente la voluntad de Dios. No es una sorpresa, dice Steele, que el establecimiento del reino personal de Cristo en forma corporal en la tierra eche a andar una «maquina de hacer cristianos», quienes de una manera forzada, sin persuasión de la verdad bajo la influencia del Espíritu, serán obligados, sin dar lugar al crecimiento de la virtud en ellos, sin libertad moral a hacer lo que corresponde al reino milenario.[107]

El discurso premilenarista inicia su predominio en el fundamentalismo, que logra producir en Latinoamérica una lectura escatológica de la geopolítica internacional. Respecto a la visión de estar viviendo los últimos días de la historia, dice Deiros:

> Este tipo de escatología se complementa con héroes y villanos, agentes de Dios y de Satán; aquí, esto no solamente identifica a los enemigos del fundamentalismo sino que los mitifica, elevándolos al estatus de provocadores cósmicos, fuertes oponentes de la justicia.[108]

Desde esta mitificación se perfiló la evangelización mundial con una visión de la historia como un gran conflicto espiritual desligado de la historia y que pronto terminaría con la irrupción de Cristo en su segunda venida. El premilenarismo dispensacionalista, como visión de la historia de la salvación, constituye una hermenéutica de los acontecimientos históricos que observa los hechos solo en función del escatón como fin de la historia. La teología y escatología de la santificación fue poco a poco abandonando la interpretación de la historia como progreso espiritual y moral de la humanidad y adoptó una actitud pesimista respecto al cambio social. No obstante, la fuerza de la santidad social como ética del reino logró dejar una huella profunda con la necesidad de una visión crítica de la sociedad y de la historia. Esta era la razón de ser de la teología de la santificación y por ello sobrevivió entremezclada con los elementos dispensacionalistas.

R. S. Appleby (eds.) *Fundamentalisms Observed*, p. 170.

[107] D. Steele, *A Substitute for Holiness*, pp. 198-201.

[108] Pablo Deiros, *op. cit.*, p. 170.

Una muestra de esto es el conocido breve tratado *He aquí que viene*, de E. G. Marsh, quien comenta desde la perspectiva dispensacional: «La historia del mundo es la historia de los juicios divinos», las naciones que han tenido gran luz y no han andado en ella, serán castigadas.[109] El reino milenario será mucho mejor que cualquier Liga de las Naciones, con todas las bondades que esa liga pueda tener. La tierra tendrá una forma teocrática de gobierno.[110] La única esperanza para una verdadera y eterna paz, es la venida de Jesús y el establecimiento de su reino. Emmanuel Kant, cuya ética conforma el trasfondo de la sistematización ética de Steele, había propuesto una serie de lineamientos para un derecho internacional que excluyera la posibilidad de la guerra, estableciendo así las bases de una paz eterna.[111] Los siguientes comentarios demuestran la manera en que oscila la interpretación de los hechos sociopolíticos en Marsh:

> Estamos viviendo un tiempo de agitación. Europa es una masa desasosegada de inquietud. Una parte del Asia está siendo agitada por el mismo remolino. Hay millones de gentes en armas en la actualidad. Está envuelto casi el mundo entero. El mundo, con el corazón enfermo por estas condiciones, eleva sus ojos a la Liga de las Naciones como una solución. Sin duda que la Liga de las Naciones es la mejor cosa que el hombre podía crear, (1919), pero si ella fuera nuestra única esperanza, ¡que Dios se apiade de nosotros! Dios tiene un plan mejor que la Liga. El plan de Dios es la vuelta de Jesucristo para reinar sobre la tierra.[112]

> … el movimiento sionista es una señal muy clara de los tiempos del fin. Los maestros de la Biblia han estado a la expectativa

---

[109] E. G. Marsh, *He aquí que viene el milenio: Simple abecedario de la venida de nuestro Señor Jesucristo*, p. 47.

[110] *Op. cit.*, p. 49.

[111] J. Gaarder, *El Mundo de Sofía*, pp. 412-413. «Kant abogó por la creación de una "federación de los pueblos". En su escrito *La paz perpetua* escribió que todos los países deberían unirse en una "federación de los pueblos" que se ocuparía de conseguir una coexistencia pacífica entre las distintas naciones. Kant pensaba que la "razón práctica" de los hombres impone a los estados que se salgan de ese "estado natural" que causa tantas guerras», pp. 412-413. K. Kuypers, (ed.), *Breve enciclopedia de filosofía y psicología*, p. 166.

[112] *Op. cit.*, p. 24.

de la Palestina, desde que terminó la Gran Guerra. Según la profecía, el retorno de los judíos, de los cual hoy somos testigos, es una señal evidente de que estamos en los últimos días.[113]

Respecto al aumento de las riquezas de algunos, se estima que el noventa por ciento de las riquezas de los Estados Unidos están bajo el control del diez por ciento de la población. La acumulación de grandes fortunas con todas sus concomitancias es otra de las señales de que estamos en los últimos días.[114]

Las naciones hablan de paz, pero con todo, hay millones de soldados bajo las armas, y cada país está procurando superar al otro en la invención de medios y armamentos destructivos.[115]

El eclecticismo en la escatología de la teología de la santificación, en esta fase premilenaria, antes del dispensacionalismo, había producido una actitud crítica tanto al fundamentalismo como al modernismo teológico. La corriente de lo que C. Murger denomina premilenarismo antiguo en el apéndice de *A Substitute For Holiness*, continuó en el protestantismo de la santificación, esto es, una ética social crítica desde una visión distinta de la historia y del reino de Dios. Mientras que el premilenarismo moderno,[116] dispensacionalista, por la influencia de la teología ultracalvinista, tuvo que mantener un antinomismo que lo condujo a restar valor a las señales del reino y a no reconocer la ley moral en la conciencia humana.[117] Así mismo, la concepción de las expresiones religiosas extra cristianas como necesariamente satánicas, lo conduce a la necesidad de intentar imponer un discurso único y definitivo respecto al ser cristiano y al esclarecimiento del sistema de maldad.

El protestantismo de la santificación, debido a su trasfondo wesleyano posmilenarista, mantuvo este eclecticismo en debate respecto a la idea de que la era presente desembocaría en el milenio a medida que haya más convertidos al cristianismo por medio de la

---

[113] E.G. Marsh, pp. 25-26.
[114] *Op. cit.*, p. 26.
[115] *Op. cit.*, p. 46.
[116] D. Steele, *A Substitute for Holiness*, p. 278.
[117] *Op. cit.*, pp. 88-89.

predicación. El premilenarismo sostenía que la extensión del evangelio apresuraría el milenio y la segunda venida.[118] El escenario consistía en dar fin a la idea del milenio en la historia y trasladarse al tiempo después de la venida Cristo. Si bien se esperaba un reino de Dios en la tierra, las expectativas no cabían exactamente dentro de lo histórico. El gobierno de Cristo someterá a las naciones incrédulas, el mal será frenado y la justicia socioeconómica y política prevalecerán. Habrá paz, prosperidad y equilibrio ecológico.

Cuando el premilenarismo se distanció del modernismo teológico, se separó también del evangelio social, y le quitó profundidad al avivamiento respecto a las consecuencias sociales de la obra del Espíritu. Lamentablemente, creyó ver en la responsabilidad social del posmilenarismo un evangelio humanista y modernista.[119] Pocos fueron los que reconocieron que el énfasis de Ch. Finney (1792-1875) sobre la santidad social fue producto de lo que se conocía como el evangelio social y que, en cierta medida, el MS fue en sus inicios, gracias a su énfasis en la santidad individual y social, un propulsor de la ética del reino. Esto ha sido entendido así por teólogos como W.T. Purkirser, quien precisamente considera que T. Smith en *Revival and Social Reform*,[120] ha demostrado esta relación. Al respecto, Purkirser observa que hubo en el movimiento del evangelio social una visión excesivamente optimista del valor que Dios adscribe a la dignidad y la inteligencia del ser humano, así como a su buena voluntad natural.[121]

Los avivamientos de fines del siglo XIX e inicios del XX, fueron diversos en sus fueros internos, algunos elaboraron un discurso escatológico premilenarista, reticente a la responsabilidad social del creyente, pero contradictoriamente, reforzaron la idea de que el incremento de conversiones cristianas influiría más sobre la moral de una sociedad. Esta influencia pasaría luego al orden político. El discurso premilenarista que acompañó también la expansión misionera del movimiento de santidad, presentaba elementos análogos a las utopías delineadas por culturas como la andina, según la cual viene un tiempo

---

[118] G.L. Murray, *La segunda venida*, p. 95.
[119] *Ibid.*
[120] W.T. Purkirser, *Explorando nuestra fe*, p. 599.
[121] *Op. cit.*, p. 602.

en que el incario sería restaurado, precedido por el resurgimiento del inca.[122] Paralelo a este discurso, se promovía la enseñanza en torno a la santidad individual y social, que fue heredado del posmilenarismo y que coincidía con la necesidad del cambio socio-ético progresivo, por medio de la evangelización y la educación, análogo con la necesidad del cambio, proveniente del discurso del socialismo cristiano y el sentido del progreso en el positivismo.[123]

Es por todas estas relaciones que el premilenarismo no solo constituye un giro en la escatología de la teología de la santificación, es un discurso simbiótico con el mesianismo indígena, pero sin respuesta a la necesidad de la reivindicación sociohistórica. La ética del reino fue una respuesta exigida por la responsabilidad social, que la experiencia de la santificación se vio impelida a asumir, para lo cual textos como la sección de moral del cristianismo del *Compendio de teología* de Binney-Steele vino a ser una propuesta fundamental.

Al cambio escatológico de posmilenarismo a un premilenarismo moderno en el *Compendio de teología*, respondió igualmente, aunque tardíamente para el mundo hispanoamericano, una corriente adventista y profética, a la que contribuyeron las conferencias proféticas de 1878, 1886 y 1914,[124] que habían afectado a la escatología del movimiento de santidad. Como hemos mencionado, el milenarismo del premilenarismo moderno es contemporáneo a los movimientos adventistas estadounidenses de la segunda mitad del siglo XIX. El milenarismo vino a ser una respuesta más vinculada a la religiosidad popular que a la revelación bíblica. H. Schwartz limita el milenarismo a la creencia que el fin del mundo está cerca y que se espera que aparezca un mundo nuevo, repentino, próximo, en la era inmediata; es una creencia cercana a la utopía.[125]

Tanto el adventismo como el premilenarismo responden a una ruptura socio-religiosa con la estructura eclesial y a la diseminación

---

[122] Hillel Schwartz, «Millenarianism», en M. Eliade (ed.), *The Encyclopedia of Religion*, p. 520. Los milenaristas han tendido a creer en la conspiración y la subversión, también en la labor misionera a favor del imperio, como Colón, o a ser una fuerza contraria al imperio, como Juan Santos Atahualpa (1742).

[123] W.T. Purkirser, *Explorando nuestra fe*, p. 598.

[124] D.H. Kromminga, *The Millennium in the Church*, p. 232.

[125] Hillel Schwartz, *op cit.*, p. 521.

heterodoxa. Los mormones, que se desarrollaron desde 1830, y que en 1876 logran enviar sus primeros misioneros a México, como lo dijimos anteriormente, enseñaban que habrá un milenio literal durante el cual Jesucristo reinará en el mundo desde dos capitales: Jerusalén e Independence en Missouri.[126] William Miller (1782-1849), uno de los pioneros del movimiento adventista, anunció una serie de predicciones específicas respecto a la segunda venida de Cristo para inaugurar el milenio, en el que se produciría la destrucción de los injustos y la restauración de todas las cosas.[127]

Para los adventistas, los dolores y las tragedias de este mundo no son sino advertencias, vaticinios seguros del mundo admirado del mañana. A pesar de la tragedia moral por causa de la aparición del mal, la tierra está destinada a ser el espacio eterno del ser humano.[128] El adventismo de Charles Russell (1852-1916), quien organizó el movimiento de los Testigos de Jehová y fijó la fecha de la segunda venida para 1874, es un tanto distinto: enseñaba que el reino en el que los cristianos depositan su esperanza es el gobierno de Dios. El establecimiento del reino no es un suceso que se realizará en el futuro, sino que ya está establecido o está siendo restaurado.[129]

Según H. Schwartz, los milenarismos aparecen no sólo en tiempo de crisis, también surgen del contacto entre dos culturas y se orientan: (1) a la reconstrucción de una estructura social temprana; (2) a la imaginativa realización de la paz con cambio; (3) a la creación de una sociedad ideal y futura.[130] El encuentro entre la cultura urbano-industrial con la sociedad rural estadounidense de la segunda mitad del siglo XIX, influyó en el resurgimiento del premilenarismo moderno. De la misma manera, algunos pueblos latinoamericanos han respondido más al premilenarismo, porque sus componentes culturales son análogos con la cosmovisión de las tres eras del mundo y constituyen un milenarismo andino.[131]

---

[126] Anthony A. Hoekema, «Mormonismo», en W. Nelson, *Diccionario de historia de la iglesia*, p. 757.

[127] Fernando Chaij, «Adventistas del Séptimo Día», en W. Nelson (ed.), *op. cit.*, p. 12.

[128] Adolfo de Obieta, *Tiempo de profecías, II: El Apocalipsis*, p. 167.

[129] *Op. cit.*, p. 167.

[130] H. Schwartz, *op. cit.*, p. 526.

[131] Cf. Alberto Flores Galindo, *Buscando un inca: Identidad y utopía en los Andes*. Manuel

Los movimientos nativistas andinos del siglo XVII compartieron el concepto Pachacutec[132] como lo que regresa, que es principio restaurador y justiciero. Taqui Onkoy, Juan Santos Atahualpa y Atusparia, entre otros, revivieron versiones de la idea de un milenarismo mesiánico. Los jesuitas, al parecer, entendieron esa memoria histórica[133] y las desarrollaron con su propuesta de misión en las reducciones y en la elaboración escatológica, como en el caso del jesuita chileno Manuel Lacunza (1731-1801), quien escribió sobre la venida premilenaria de Cristo para establecer su reino. Su obra *La venida del Mesías en gloria y majestad* (1790), llegó a ser la obra más influyente en el origen del premilenarismo dispensacionalista inglés del siglo XIX.[134]

La obra es una interpretación del Apocalipsis y de la profecía. Usa el texto de la Vulgata. La edición en inglés apareció en 1826 y tuvo una gran acogida. Edward Irving (1792-1834), milenarista inglés, edita una traducción en 1827. La escatología de la obra se resume de esta manera: la venida de Cristo a la tierra es para juzgar y reinar; el milenio que viene será un reino del propio Cristo; muestra pesimismo respecto a la moral y optimismo sobre el futuro de la naturaleza; se enfrenta a la Ilustración y al deísmo.[135] Este fue el premilenarismo contemporáneo que cautivó a John N. Darby, (1800-1882), a quien refuta D. Steele en *A Substitute for Holiness*.

Debemos notar que, tanto los movimientos nativistas como las reducciones jesuíticas, se encuadran dentro del milenarismo que busca

---

Burga, «La emergencia de lo andino como utopía» (Siglo XVII) en Revista Allpanchis, 35/36, Vol. II, Cuzco, 1990, pp. 579-598. Bernardo Campos, *Experiencia del Espíritu*, p. 30.

[132] Pachacutec es un concepto andino que se refiere no tanto a una persona como a un tiempo que hace su aparición en la historia trayendo un cambio radical y la restauración de las cosas.

[133] Manuel Marzal (ed.), Introducción a *El rostro indio de Dios*, p. 35. Marzal ve en el sincretismo la otra cara de la inculturación, dice al respecto: «es un proceso inverso por el que los evangelizados tratan de retener sus propios rasgos religiosos en tanto no se opongan a los cristianos y de revertir los rasgos cristianos aceptados con las categorías religiosas autóctonas». Ver Manuel Burga, «La emergencia de lo andino como utopía» (Siglo XVII) en Revista Allpanchis, pp. 579-598; *Historia y antropología en el Perú* (1980-1998): *Tradición, modernidad, diversidad y nación*.

[134] Mario Góngora, prefacio en Manuel Lacunza, *La venida del Mesías en gloria y majestad*, p. 13. Ver también Jaques Lafaye, *Mesías, cruzadas y utopías*, pp. 27-46; *El Mesías en el mundo ibérico: de Ramón Llull a Manuel Lacunza*.

[135] *Op. cit.*, pp. 54, 154.

la realización del reino en la historia, pero luego hay un salto al reino más allá de la historia, previa segunda venida. Este traslado de una concepción posmilenarista del reino a una concepción premilenarista va siendo una constante. Hay una confrontación compleja[136] con la realidad histórica que parapeta a estos milenarismos, pero que así mismo les hace volver a la visión de un nuevo mundo en la historia, al mirar el tiempo presente y sus inevitables exigencias.

---

[136] H. Schwartz, *op. cit.*, p. 521.

Capítulo 4

Las sistematizaciones teológicas de la santificación en el siglo xx

La teología de la santificación y la teología protestante evangélica a inicios del siglo xx

En los estudios sobre el desarrollo de la teología en las iglesias de santidad, es necesario establecer un acercamiento al estado de la cuestión, en especial en los estudios sobre los primeros intentos de sistematización que resultan transversales en la investigación, como el estudio de la teología del profesor Daniel Steele (1824-1914), a cuyas obras hemos dedicado un acercamiento en los capítulos anteriores. La observación principal ha girado en torno a la relación entre la preocupación por la ética social y la búsqueda de una articulación con la ética de santidad individual en el marco de la expectativa milenarista, contemporánea al ideal del progreso humano hacia una realización plena.

La teología del protestantismo de santidad es de interés para los estudios norteamericanos sobre el desarrollo de las ideas teológicas, especialmente por la relación del movimiento de santidad con el trascendentalismo y de este con el abolicionismo, ideas que fueron fundamentales para el desarrollo de la teología de la santificación.

Los estudios en teología histórica que han prestado atención al desarrollo de la teología de la santificación aun son escasos. Por lo general, se salta de los avivamientos a los estudios de la pentecostalización. En esta investigación, procuramos abordar los milenarismos y la idea del progreso en la historia del siglo xix, especialmente en relación con el premilenarismo dispensacionalista y las repercusiones ético-sociales respecto al reino de Dios en la historia.

Un tema que va siendo de interés es la evolución del dogma en la revisión de la teología *evangelical*[1] norteamericana. La conciencia de una evolución hacia la heterodoxia es el producto de los enfoques en los estudios sobre la historia de la teología, como los realizados por Mark Noll. La propuesta aquí es considerar la ruptura con la ortodoxia wesleyana por parte del movimiento de santidad (MS) con el fin de lograr comprender la evolución del dogma y su consolidación en la teología presentada en el quehacer misionero. Como afirma Luis Berkhof: «los dogmas únicamente se forman durante períodos de intensa vida espiritual, de amplia y ardiente consideración respecto a la verdad, y de profunda experiencia religiosa».[2]

Es evidente la mutación doctrinal de la santificación que enseñó John Wesley, como posterior a la justificación, y la santificación como resultado del bautismo con el Espíritu Santo. El giro del posmilenarismo o amilenarismo metodista de Wesley al premilenarismo dispensacional del congregacionalista John Darby, y el consiguiente cambio del nomismo consecuente con la santidad individual y social, condujo al abandono de la santidad social y el compromiso con los oprimidos y marginados. Por tanto, al intentar poner al día la investigación respecto a estos temas, nos limitaremos a los estudios precedentes a manera de ubicación de la materia. Luego, veremos los estudios realizados desde fuera del MS, que implícita o explícitamente dan atención en secciones de las investigaciones. Posteriormente, revisaremos los estudios realizados desde dentro del MS, considerando el estudio metódico y el ensayo.

---

[1] Usamos el término *evangelical* (que es una transcripción del inglés) para distinguirlo del término «evangélico» que se usa en Latinoamérica para diferenciarse de los católicos, y que es sinónimo de protestante. Pero es más que fundamentalismo teológico; busca un nuevo entendimiento contextual de la Biblia y asumir responsabilidad en la trasformación social. Lo *evangelical* es una corriente de ideas y prácticas vinculadas al fundamentalismo norteamericano. Ver Luiz Longuini Neto, *O novo rostro da missão: Os movimientos ecumênico e evangelical no protestantismo latino-americano*, Viçosa: Ultimato, 2002.

[2] Luis Berkhof, *Introducción a la teología sistemática*, p. 27. Ver también al respecto James Orr (1844-1913), *El progreso del dogma,* p. 44.

Antecedentes en los estudios de la historia de la teología protestante en Latinoamérica

Los estudios de la teología histórica, como estudios esenciales de la teología sistemática, constituyen un vacío en la literatura teológica latinoamericana. La excepción es el trabajo pionero del viii Encuentro de cehila en 1980, cuyos documentos fueron editados por Pablo Richard, como *Materiales para una historia de la teología en América Latina*. Este trabajo se centró mayormente en la historia de la teología católica. La introducción metodológica fue de Otto Maduro y de las doce ponencias tres se ocuparon de la teología protestante: Rubem Alves, *Las ideas teológicas y sus caminos por los surcos institucionales del protestantismo brasileño*; Jean-Pierre Bastián, *Contribución al estudio de la teología protestante en México*, y Carmelo Álvarez, *El pensamiento protestante en Puerto Rico*.

Los estudios en esta dirección se centraron posteriormente en el estudio de la teología del pentecostalismo, pero estos le prestaron poca atención a la evolución de las ideas teológicas de la pentecostalidad. Sin embargo, los orígenes del pentecostalismo están ligados inevitablemente al movimiento y teología de la santificación y a la evolución de dicha teología, como ha sido reconocido explícitamente por Douglas Petersen en *No con ejército, ni con fuerza*, publicado en 1998; por Gary B. McGee, en su *Ensayo sobre el trasfondo histórico de la teología sistemática*, desde la perspectiva pentecostal, editada por Stanley M. Horton en 1996, e implícitamente por Darío López, en *El nuevo rostro del pentecostalismo latinoamericano*, en el 2002.

Darío López, en la obra mencionada, explora en su estudio del pentecostalismo «los cambios en su horizonte teológico», pero sin llegar a puntualizar estos cambios teológicos y sus repercusiones en la práctica social,[3] y los cambios de la teología en la misión en Latinoamérica. Se limita a considerar que «el punto de vista apocalíptico, premilenarista o dispensacionalista, como clave hermenéutica, no ayuda mucho a los desafíos planteados por la participación social y política de los creyentes».[4]

---

3 Darío López, *Pentecostalismo y transformación social*, p. 78.
4 D. López, *El nuevo rostro del pentecostalismo latinoamericano*, p 106.

Los orígenes de la pentecostalización se han estudiado más desde la antropología y sociología de la religión o desde otras ciencias de la religión. El avance de los estudios interdisciplinarios no ha logrado considerar de una manera suficiente la historia de la teología. Durante el encuentro de CETELA sobre «Voces del pentecostalismo», en Concepción, Chile, en el 2003, de las doce ponencias solo la de Juan Sepúlveda abordó escuetamente la relación entre movimiento y teología de Santidad y los orígenes teológicos de la pentecostalización.[5]

En el ámbito académico norteamericano, especialmente en las incursiones académicas de las universidades vinculadas a los sectores conservadores, se pueden observar reacciones a las investigaciones en torno al desarrollo de las ideas teológicas, especialmente a la interpretación de la teología que gestó y resultó del movimiento de santidad, a fines del siglo XIX. Estos estudios son poco conocidos en Latinoamérica, en los espacios de formación teológica de tradición wesleyana, donde se conoce más la relación heredada del *corpus* teológico fundamentalista que, aunque corta y rudimentaria, contribuye a desfavorecer que se siga investigando la mutación teológica que viene experimentando la teología de la santificación. Se mantienen los debates clásicos en torno a los matices de la entera santificación y las repercusiones de la herencia «revivalista»[6] wesleyana para la misión y los límites de las experiencias de la pentecostalidad.

Estudios relacionados a la temática desde fuera del movimiento de santidad

La heterodoxia de los *evangelicals* y el movimiento de santidad

En esta parte de nuestra investigación abordaremos la crisis temprana del sistema emergente de la teología de la santificación.[7] Consideramos

---

5 J. Sepúlveda, «El "principio pentecostal". Reflexiones a partir de los orígenes del pentecostalismo en Chile», en *Voces del pentecostalismo latinoamericano*, p. 15.

6 Nota del editor: este neologismo anglicado proviene de los vocablos religiosos ingleses *revival* (avivamiento espiritual), *revivalism* (movimiento que fomenta el avivamiento espiritual) y *revivalist* (relativo al avivamiento espiritual).

7 Oswaldo Fernández, *La teología del protestantismo de la santificación*, Tesis, pp. 2, 11, 16, 22, 128, 136.

que el cambio de la fuente de la experiencia de la santificación al bautismo en el Espíritu Santo es una heterodoxia, en relación con la enseñanza de la Reforma y que Wesley enseñó: la santificación es posterior a la justificación por medio de Jesucristo. La evolución de la doctrina de la santificación en el siglo xix produjo esta ruptura de considerables consecuencias. Esta abrió la posibilidad de una nueva teología de la historia, caracterizada por el pesimismo, a partir del giro escatológico hacia el premilenarismo dispensacionalista, que extrajo la esperanza del reino de Dios fuera de la historia, originando el abandono del compromiso con una ética social de santidad al servicio el reino de Dios.

Mark A. Noll (1946-) ha publicado dos obras fundamentales para los estudios de la relación entre la escatología del movimiento de santidad y la ética social, *The Scandal of the Evangelical Mind* (1994) y *The Civil War as a Theological Crisis* (2005). Noll es un historiador presbiteriano, exprofesor del Wheaton College, que entre 2006-2016 enseñó en la Universidad de Notre Dame; reconocido por la Biblioteca del Congreso de los ee.uu. por sus estudios de historia en el campo de la ética y su contribución al esclarecimiento de las raíces del protestantismo norteamericano.[8]

Noll, que se considera un *evangelical* y está vinculado al Instituto para el estudio de los *evangelicals* norteamericanos del Wheaton College, ha influenciado considerablemente el surgimiento del tema en los círculos universitarios de investigación en torno a la relación entre los milenarismos populares y las raíces del pensamiento y la ética social evangélica, además del anti-intelectualismo. Noll sostiene que el evangelicalismo norteamericano no es, en la actualidad, protestante ortodoxo,[9] y acusa al movimiento de santidad, al pentecostalismo y al dispensacionalismo, de haber abandonado la teología de la Reforma y el magisterio de Lutero respecto a la doctrina del ser «justificado y pecador a la vez», que lucha contra el mal y procura hacer el bien. Noll increpa el alejamiento de la pureza de la doctrina de la Reforma y el haber gestado una cultura de avivamiento y fundamentalismo. Pero el

---

8 News from Library of Congress, 1 de junio de 2004, en www.loc.gov/
9 William Kostlevy, *The Dispensationalists.*

mayor escándalo es el premilenarismo dispensacionalista.[10] Noll afirma que la escatología de la Reforma magisterial llegó a ser considerable en el siglo xx, al descubrirse el carácter central de la escatología en el ministerio del Jesús histórico, lo que corrigió las excentricidades de las interpretaciones de la profecía.

Noll, siguiendo a David Bebbington, describe la identidad *evangelical* considerándola como un fenómeno cuyo origen ha quedado establecido en la mitad del siglo xix, cuando sus pioneros reivindicaron las enseñanzas y la visión de George Whitefield, John Wesley, Jonathan Edwards y Nicolás von Zinzendorf. Los *evangelicals* no llegaron a cohesionarse en una institución compacta, fácilmente definible, bien coordinada o claramente identificable. Cuatro factores identifican a este fenómeno: el biblicismo, el conversionismo, el crucicentrismo, llegando a constituir el más grande y más activo componente de la vida religiosa norteamericana.[11]

Noll, al analizar el biblicismo, encuentra que los *evangelicals* fueron influenciados por el historicismo dispensacionalista, el cual identifica específicamente ciertos eventos con el cumplimiento de la profecía bíblica.[12] Esta fue la preocupación de Daniel Steele, especialmente por su repercusión en la ética social, la cual incluía una lectura de lo político, porque el dispensacionalismo es antinomista, su especulación profética lo conduce a una mentalidad observadora y calculadora respecto a asuntos geopolíticos, y que encuentra conspiraciones en todas partes y, por lo consiguiente, rechaza el compromiso social.[13] Noll considera que el fundamentalismo, el premilenarismo dispensacionalista, el movimiento de la vida elevada, esto es, el movimiento de santidad, y el pentecostalismo fueron estrategias de los *evangelicals* para sobrevivir a manera de respuesta a la crisis religiosa de fines del siglo xix.[14]

El premilenarismo dispensacionalista subyugó a los *evangelicals*, como el movimiento de santidad y el pentecostalismo, que se ubicaban en el ala izquierda de las denominaciones troncales, innovando tres conceptos teológicos: (1) ante la inmanencia divina, defendieron la

---

[10] *Ibid.*

[11] Mark A. Noll, *The Scandal of the Evangelical Mind*, pp. 7-9.

[12] Mark A. Noll, *op. cit.*, p. 173.

[13] O. Fernández, Tesis, pp. 15-20.

[14] M. A. Noll, *op. cit.*, p. 24.

trascendencia del control de Dios más allá de la historia; (2) frente a la confianza en la ciencia mecanicista que crecía en la cultura, el pentecostalismo insistió en el poder de Dios para actuar desde el interior de la persona de a pie; (3) donde las élites fueron proponiendo el pragmatismo, la democracia y el socialismo científico como solución a los problemas modernos, el movimiento de santidad ofreció el poder del Espíritu Santo.[15] Esto además de reforzar el anti-intelectualismo, lo cual creó las condiciones para el surgimiento del dispensacionalismo y el fundamentalismo.

W. Kostlevy, profesor estudioso de las fuentes para el estudio del movimiento de santidad, que ha editado y publicado en el 2001 el *Historical Dictionary of the Holiness Movement*,[16] considera junto a Noll, que la innovación respecto a la doctrina de la esperanza de la segunda venida de Jesús no fue una sorpresa para teólogos como Daniel Steele y otros. El rechazo al optimismo de la era del progreso estadounidense, se expresó más en el movimiento de santidad, ante la decepción originada por la depresión de la década de 1890 y la derrota del populismo en las elecciones presidenciales de 1896, conformados por agricultores-granjeros, que proponían la nacionalización de los ferrocarriles y el incremento del impuesto de acuerdo con el nivel de ingresos. Como resultado de ello, se expandió la interpretación de la salvación como un evento en este mundo, que sería inaugurado por el advenimiento premilenario de Jesús. Esta decepción condujo a la separación de lo mundano y al retiro de las responsabilidades ciudadanas. Los empleados, las domésticas, las amas de casa y los obreros que conformaban el movimiento de santidad habían desarrollado la ilusión de una salvación social temporal, cuya enseñanza provenía de los reformadores, y que había sido reforzada por el sentir popular, lo cual podría mejorar considerablemente su estatus en la tierra.[17]

---

15 *Ibid.,* p, 120.

16 W. Kolstlevy, ha publicado también *Holiness Manuscripts: A Guide to Sources Documenting the Wesleyan Holiness Movement in the Unites States and Canada.*

17 W. Kostlevy, *op. cit.* En este ensayo, Kostlevy comenta *The Scandal of the Evangelical Mind,* a la luz de otra obra de M.A. Noll, *A History of Christianity in the United States and Canada.* Gran Rapids; Eerdmans, 1992, pp. 363-389.

Noll identifica a Seth C. Rees (1854-1933)[18] y otros líderes del MS como W.B. Godbey con el premilenarismo, enseñanza elaborada en base al análisis social y al reconocimiento del poder de la desilusión, debido al fracaso del populismo. El tema del reino de Dios aparece en el premilenarismo como la idea de que los pobres se posesionarán de la tierra. Por ello, la pobreza se va instalando como una virtud y se predica vender lo que se tiene y donarlo, porque Jesús en su segunda venida confiscaría las propiedades al que tiene más de una casa, más de los caballos necesarios o más tierra de la que necesita. Jesús realizaría una redistribución, un nuevo orden social justo.[19]

La radicalización del movimiento de santidad fue más allá del premilenarismo de S.C. Rees, por su trasfondo posmilenarista se fue erigiendo sobre el modelo de la iglesia apostólica y la doctrina de la entera consagración. Rechazaban la noción de la propiedad privada. Experimentan una utopía de vida comunitaria seriamente trasformada, con un nuevo orden social. El premilenarismo como fenómeno complejo gestó una indiferencia moral y cultural, una mala exégesis, intolerancia y otros pecados, además el milenarismo llegó a ser utilizado por las élites para sus intereses en la iglesia y la sociedad.[20] Algunas veces, el premilenarismo se muestra moral y culturalmente indiferente, pero en otras ocasiones presenta el milenio como utopía que impulsa un interés por la relación entre la responsabilidad social de la iglesia y el reino venidero.

Según Noll, el tema del abandono de la ortodoxia por los premilenaristas dispensacionales, ha llegado al punto de querer plantearse si la Reforma ha llegado a su fin en el fundamentalismo. También lo lleva a cuestionarse asuntos de fondo por el papel que juega, entre otras corrientes de *evangelicals*, lo que se conoce como la cultura estadounidense.[21] Esta es la lectura de Noll en *The Scandal of*

---

[18] S.C. Rees, procedía de los cuáqueros, estuvo vinculado a los orígenes de la Iglesia de los Peregrinos y posteriormente se reincorporó a los nazarenos, dirigiendo la Escuela de Nampa, uno de los centros de formación teológica más importantes de la Iglesia del Nazareno, hoy Universidad de Nampa. Ver Timothy Smith, *La historia de los nazarenos*, pp. 195, 196, 322-323.

[19] *Ibid.*

[20] *Ibid.*

[21] M. Noll ha escrito un ensayo junto con Carolyn Nystrom, bajo el título *Is the Reformation Over? (¿será que la Reforma ha llegado a su fin?)*

the Evangelical Mind, publicada en 1994. Pero, nos preguntamos ¿ha llegado a ser más contundente con *Is the Reformation Over?* en 2005, respecto a la relación con el catolicismo romano fundamentalista; y en *The Civil War as a Theological Crisis,* en 2006, publicaciones que ofrecieron observaciones a la relación entre estas corrientes y el vacío teológico frente a temas como el de la esclavitud y la necesidad del abolicionismo.[22]

En *The Sacandal,* Noll desarrolla la idea que el protestantismo *evangelical* de Norteamérica, a pesar de sus virtudes, no es ejemplar en su pensamiento y ha sido así por varias generaciones. Establece el escándalo del anti-intelectualismo en tres dimensiones: cultural, institucional y teológico. La obra parte de la situación contemporánea y luego busca explicar desde el trasfondo histórico-social y teológico las causas de este fenómeno. Primero, analiza el pragmatismo, luego establece la separación de los *evangelicals* de la ortodoxia cristiana y su incursión en el moderno maniqueísmo, gnosticismo y docetismo. Esto ha hecho que el *evangelicalism* contribuya a hacer de la historia norteamericana una historia de pragmatismo, populismo, carismatismo, tecnologismo y no tan intelectual. Se ha interesado más en defender la fe que explorar las repercusiones de esta para la vida intelectual. Ha tendido a definir la piedad en oposición, cuidando el pensamiento y dando atención a la mente.

En la segunda parte, explica cómo el pensamiento evangélico tomó la forma de avivamiento-revolución y de una síntesis cultural, y cómo la iluminación evangélica de las ideas de Jonathan Edwards respecto a la Guerra de Secesión y posterior a ella fue la época en que la formación del pensamiento *evangelical* fue incluyendo la apologética, la teología propia, la religión de avivamientos, lo bíblico, y el nacionalismo *evangelical*. La síntesis cultural *evangelical* norteamericana se logró legitimar intelectualmente. El autor luego explica el desastre intelectual del fundamentalismo, originado por la innovación teológica del movimiento de santidad y el pentecostalismo. Especialmente el giro milenarista al premilenarismo dispensacionalista, que lo aleja de una visión optimista de la historia y da lugar al anti-intelectualismo.

---

[22] M. Noll, *The Civil War as a Theological Crisis.*

En la tercera parte, da a conocer lo que ha significado el escándalo intelectual en el pensamiento político del siglo XIX (la era aún hegemónica del protestantismo magisterial, central y del evangelio social), en las postrimerías del siglo y en los inicios del fundamentalismo norteamericano, que se logra afirmar a principios del sigo XX. Es la era de los nuevos comienzos, la búsqueda del equilibrio entre el activismo y el biblicismo, y la búsqueda de mayor compromiso intelectual y político; la era de la nueva derecha, del nuevo cristianismo de derecha que más tarde se autodenominaría la Mayoría Moral, la cual creó una situación de incertidumbre para la política *evangelical*; de esta manera, el escenario *evangelical* es manifiestamente de contrastes, de importantes diferencias respecto a la autoridad de la Biblia, al papel que juega la mujer en la iglesia, a la naturaleza exacta del mundo que Dios ha creado, al significado de la cruz de Cristo en una era de espiritualidad, al dominio de lo pentecostal-carismático en el mosaico *evangelical*. Finalmente, Noll analiza el futuro intelectual de los *evangelicals*, si el dispensacionalismo sigue influyendo. El último tema de esta sección trata sobre el pensamiento respecto a la ciencia, esto es, la ineficacia en ofrecer respuestas a Darwin. Analiza la ciencia *evangelical*, sus orígenes y su desfase, así como el impacto del fundamentalismo en la misión; el daño que la «ciencia creacionista» ha causado al pensamiento *evangelical* y la cuestión de la Biblia y las cosmologías contemporáneas.

En la cuarta parte, se pregunta si hay esperanza y si es posible el renacer de una corriente intelectual *evangelical*. El posfundamentalismo constituiría el despertar del pensamiento evangélico. El protestantismo magisterial conservador, que no fue fundamentalista, sirve de ayuda, igualmente lo hace la reflexión política actual y la situación de la ciencia y la filosofía. El escándalo de los énfasis denominacionales es la incapacidad de no diferenciar entre el carácter distintivo o doctrinal y lo que es esencial para la ortodoxia. Las consecuencias de ello han sido el distanciamiento del evangelicalismo de la vida intelectual, el movimiento de santidad, el pentecostalismo y el dispensacionalismo, que lograron destruir el pensamiento *evangelical* debido al excesivo sobrenaturalismo y la escasa percepción del trascendentalismo como elemento importante para los cambios de mentalidad.

Mark Noll en un artículo titulado *The Evangelical Mind Today*, publicado en el 2004,[23] sintetizó sus observaciones y las señales de cambios entre los *evangelicals*, centrando su apreciación crítica a seis temas, pero advirtiendo que ello no significa que se haya superado la crisis del pensamiento cristiano desde la perspectiva *evangelical*. Incluimos estas críticas porque creemos que aclaran el estado de la situación, siendo que en lo *evangelical* Noll incluye al movimiento de santidad, que hoy también cuenta con un considerable número de universidades, editoriales y una preocupación por la sobrevivencia de su teología, cosmovisión y praxis ética:

> (1) La primera señal de esperanza es el aumento de vínculos entre *evangelicals* y católicos, que contribuye espectacularmente a mejorar el uso de la mente *evangelical* en temas como la eclesiología, la tradición, la vida intelectual, los sacramentos, la teología de la cultura, la estética, la teología filosófica, la conciencia histórica; el resultado es siempre un aprecio por la tradición católica.

> (2) El renacer de una filosofía cristiana, y produce tranquilidad la búsqueda de la relación entre la fe y la filosofía, pero los *evangelicals* no dominan este resurgimiento filosófico cristiano, que necesita rigor e integridad, sin embargo, se va entendiendo que filósofos y teólogos sintonizan con el hecho que la filosofía moderna provee una inusual proporción de teología ortodoxa al mundo de habla inglesa.

> (3) Hay expectativa en las instituciones evangélicas de educación superior, considerando que son enclaves sectarios y que llevan una vida intelectual restrictiva; es un avance que hayan logrado entender que no hay buena educación sin buenos profesores y que tienen que hacerse responsables de sostener el esfuerzo del trabajo intelectual.

> (4) Hay confianza en la búsqueda del dominio de la ciencia, con la visión de que la teoría de la evolución alcance a ser compatible con el cristianismo ortodoxo, planteándose cuestiones a nivel

---

[23] Mark Noll, *The Evangelical Mind Today*, en First Things, October 2004.

metafísico, de esta forma «la ciencia creacionista» *evangelical* se replantea el estudio de la naturaleza y la enseñanza de la Escritura.

(5) La esperanza resurge cuando la vida intelectual *evangelical* se va enriqueciendo con la pluralidad en sus universidades. En las que se estudia, a niveles de educación superior junto a intelectuales de diversos trasfondos. Las pequeñas denominaciones comienzan a sostener centros de estudios con equipos pluralistas que estimulan la vida intelectual, la vida espiritual y la corrección del premilenarismo dispensacionalista.

(6) El área de las publicaciones están contribuyendo a un serio compromiso con los temas importantes de la vida contemporánea. Ello está contribuyendo a una nueva perspectiva para las creencias tradicionales, que comienzan a demostrar que es vital ser parte de una comunidad de fe y pensamiento. Sin embargo, esto no significa que nos dirigimos hacia un pensamiento característicamente *evangelical*, pues no posee una teología, una tradición intelectual fuerte o concepciones del mundo lo suficientemente profundas para sustentar un avivamiento intelectual a gran escala.

Noll sostiene que es preciso una fusión de las tradiciones de los *evangelicals*, entre ellas la de la intensa espiritualidad y la profunda teoría social del movimiento de santidad,[24] con las tradiciones históricas antiguas, pues estas ofrecen profundización en las raíces en las doctrinas clásicas del cristianismo y modelos de intelectuales serios y fieles al pensamiento cristiano, sin las excentricidades que vemos entre los *evangelicals*.

Los estudios de Noll tienen entre sus ejes centrales el análisis de las consecuencias del dispensacionalismo premilenarista, especialmente su desviación hacia el fundamentalismo, gestado por la antigua escuela presbiteriana[25] desde una ideología que juntaba lo anglosajón,

---

[24] *Ibid.*
[25] Mark Noll, *The Scandal of the Evangelical Mind*, pp. 138-139.

lo protestante y lo políticamente conservador.[26] El premilenarismo dispensacionalista, como lo explicó Daniel Steele arrastraba como secuela el antinomismo, que produjo un anti-intelectualismo y una pérdida del interés por la reforma social, por la creación, por un escapismo e imaginario escatológico como lo observa Noll, quien ve en el movimiento de santidad, una proclividad a la especulación apocalíptica, al consumo de literatura sobre el fin de los tiempos y al serio análisis geopolítico, pero que resiste a las filosofías naturalistas de la ciencia, ahondando las deficiencias teológicas.[27]

El trascendentalismo y el abolicionismo en el trasfondo del movimiento de santidad

La teología histórica nos permite acercarnos a estudios conexos con las ideas doctrinales, como lo es el importante estudio de Louis Menand, *El club de los metafísicos* (2001), traducido al español en el 2003, que se detiene en temas de interés para nuestra investigación, como las políticas respecto a la esclavitud y el abolicionismo, resaltando el protagonismo de Ralph Waldo Emerson y sus ideas trascendentalistas. Tengamos en cuenta que Timothy Smith identifica una corriente de «trascendentalismo evangélico» vinculada al movimiento y teología de santidad.[28] Asimismo, establece una relación entre la ética individual y la ética social.

Menand dedica la primera parte de su investigación al tema de las políticas respecto a la esclavitud, el unitarismo liberal, el antiesclavismo no abolicionista y Boston como el centro del pensamiento del continente. En otra sección nos presenta al «abolicionista», desde los vínculos ideológicos entre O. Wendel Holmes y R.W. Emerson (1803-1882). Posteriormente, desde el marco de la batalla de la espesura durante la Guerra de Secesión (conocida en inglés como *Battle of the Wilderness*, 1864), nos muestra la vigencia del pensamiento de Emerson después de la Guerra de Secesión, en una especie de teología de la guerra. Se trata de una sección entretejida por la discusión de las ideas e influencia de R.W. Emerson. Consideramos que esta parte es la

---

26 *Ibid., op. cit.*, pp. 122-123, 141.
27 *Ibid.*
28 Oswaldo Fernández, Tesis, pp. 8-9.

que más contribuye al esclarecimiento del trasfondo de las ideas en el surgimiento del movimiento de santidad y el pensamiento teológico de Daniel Steele (1824-1914).

El trasfondo se construye considerando la fundación de la Universidad de Boston, la que fue en su origen un Seminario de la Iglesia Metodista Unida. En aquella universidad, Daniel Steele fue profesor de Ética y Teología entre 1884 y 1891. La obra implícitamente nos muestra una considerable relación entre la ciudad, la universidad y el movimiento de ideas trascendentalistas y abolicionistas, cuyos pensadores influyeron evidentemente en las ideas teológicas, que desde el renacer de la espiritualidad recuperó su herencia wesleyana antiesclavista, la crítica al industrialismo y al institucionalismo.

Los trascendentalistas creían en el valor infinito de cada alma humana.[29] Este movimiento de ideas se gestó antes de la Guerra de Secesión, siendo contemporáneo con el Segundo Gran Despertar (1800-1860). Los trascendentalistas no tenían lo que llamaríamos un sistema filosófico. Siguieron la poesía de Samuel Taylor Coleridge (1772-1834) y el pensamiento de John Locke, desde cuyo empirismo la mente era considerada como una pizarra en blanco sobre la que se escribía la experiencia, además de imaginar a la sociedad como formada por individuos autónomos, plenamente realizados. Los trascendentalistas asimilaron también la filosofía de Emmanuel Kant, con cierta imprecisión según Menand, «Kant jamás habría afirmado que podemos establecer verdades religiosas dentro de nuestra propia mente».[30] Lo que Kant quería era «mejorar el empirismo explicando cómo es que los seres humanos "saben" ciertas cosas que no pueden haber aprendido por medio de los sentidos».[31]

James Marsh contribuyó especialmente a la introducción del pensamiento de S.T. Coleridge en el trascendentalismo. Coleridge creía que el cristianismo era «racional» y que sus doctrinas eran coherentes con las leyes universales del ser tal como estas se conocen por la facultad de la razón.[32] El cristianismo no es una teoría o una

---

[29] *Ibid.*
[30] L. Menand, *op. cit.*, p. 269.
[31] *Ibid.*
[32] L. Menand, *op. cit.*, pp. 253-255.

especulación, sino una vida. No es una filosofía de la vida, sino una vida y un proceso viviente.[33] Emerson leyó a Coleridge, en la edición que hizo J. Marsh de las obras del poeta, lo que le condujo a Kant, Fitche y Schelling y al pensamiento de Thomas Carlyle, quien fuera un crítico social que cuestionó el industrialismo inglés.[34] Daniel Steele, en su revisión e innovación del *Compendio de teología*, realizada en 1874 y cuya versión en español se publicó en 1877, en México, añadió escuetamente pensamientos selectos en la introducción de John Locke (1632-1704), Samuel Taylor Coleridge (1772-1834) y Thomas Carlyle (1795-1881), y de Immanuel Kant (1724-1804) en la sección del tema esencial del *Compendio*, la moral del cristianismo.

La referencia a la «filosofía trascendental» aparece en la crítica de Frederick H. Hedge a la edición de Marsh, en *Aids to Reflections*, de Coleridge, en 1833. En esta crítica, se la considera una filosofía basada en la superioridad de lo que denominan una «libre intuición».[35] Emerson usaba el concepto de intuición como una excusa para abandonar por completo el pensamiento sistemático.[36] Esto condujo a Emerson de nuevo a una filosofía sensorial, empírica. Los trascendentalistas de Boston, donde llega a ser profesor Steele, rechazaban el calvinismo, que creía que la depravación moral de los seres humanos jamás podría erradicarse de este mundo.[37] Les disgustaba la esclavitud, pero creían que el medio apropiado para trasformar la situación era reformar el corazón de los blancos puritanos. Boston fue el centro de este movimiento alternativo al unitarismo y al empirismo, que procuraban abandonar.

Las observaciones de Menand sobre el trascendentalismo emersoniano, rescata en primer lugar la idea de la confianza en sí mismo. Aunque paradójicamente sin definir el «yo» en el que se insta a confiar, en ese sí mismo. Emerson rescata la integridad de la conciencia individual del calvinismo, por lo que defendía la revelación personal y se oponía a la institucionalización de la revelación, de allí su anti-institucionalismo, al que consideraba que desalentaba a la gente a pensar por sí misma. La Reforma enseñó la libre interpretación, pero esta se

---

³³ *Ibid.,* citado por James Marsh.
³⁴ L. Menand, *op. cit.*, p. 314.
³⁵ *Ibid.*
³⁶ L. Menand, *op. cit.*, p. 256.
³⁷ *Ibid.*

perdió con el escolasticismo protestante. El unitarismo que prevalecía en las universidades del norte, especialmente en Boston, «era un credo fundado en la creencia en la bondad moral innata del individuo, como reacción contra el calvinismo que era un credo basado en la creencia en la depravación moral innata del individuo. El unitarismo era en muchos sentidos una religión que llevaba a sus seguidores a oponerse a la esclavitud».[38] Enseñaban desde Boston sobre la dignidad humana, la equidad y que todo está conectado.

En esta relación que establece Menand entre el concepto de depravación moral del individuo, en el calvinismo y la esclavitud, el autor se acerca a un asunto de nuestra investigación que ve una coincidencia entre las presuposiciones abolicionistas y el wesleyanismo del movimiento de santidad. Para Menand era el credo del unitarismo lo que llevaba naturalmente a sus seguidores a oponerse a la esclavitud.[39] El autor sostiene que el abolicionismo surgió del Segundo Gran Despertar o avivamiento. Este renacimiento evangélico atravesó Nueva Inglaterra y llegó a Nueva York entre 1800 y 1840, iniciándose una serie de campañas antialcohólicas, a favor de los derechos de las mujeres y movimientos de reforma social, de allí la relación con el abolicionismo; asimismo surgieron varias sectas utópicas y religiosas, como los mormones.

Menand afirma que las bases del movimiento abolicionista eran espirituales y anti-institucionales, lo cual le estableció relaciones con el trascendentalismo.[40] Los orígenes del movimiento de santidad tiene este trasfondo de ideas y estas evidentemente influenciaron a los temas del capítulo sobre la moral del cristianismo, y de las instituciones del cristianismo, que Binney introdujo inicialmente en el *Compendio* de 1845, y que más tarde revisaría Steele, ampliando el tema del papel de la mujer en la iglesia, cuyos derechos Binney había reconocido escuetamente.[41]

En segundo lugar, el camino de Emerson al abolicionismo es previa crítica saturada de sospechas contra el activismo social, «del

---

[38] Louis Menand, *El club de los metafísicos*, p. 25.
[39] Menand, *op. cit.*, p. 25.
[40] *Ibid.*, p. 27.
[41] Amos Binney, *The Theological Compend*, pp. 97-104, 121.

lodo filantrópico», como lo llamaba, incluyendo inicialmente el abolicionismo. Por esta razón, evadió los movimientos reformistas, aunque posteriormente abrazó la causa abolicionista.[42] El abolicionismo no creía en el uso de un sistema político para resistir el esclavismo, porque no creía en los sistemas; contrariamente al antiesclavismo, creía en el uso de un sistema político para impedir la difusión de la esclavitud a nuevos Estados.[43] Emerson, como un indiscutible moralista, veía en la esclavitud un problema moral. Su trascendentalismo lo indujo a inclinarse por la abolición, hasta el punto de llevarlo a la radicalización. Por 1850, rechazó la Ley del Esclavo Fugitivo, considerándola repugnante. Asumió como un deber, un imperativo, la obligación social de atender los asuntos políticos, como un asunto de la conciencia personal. De esta manera, una persona podía oponerse a la Ley del Esclavo Fugitivo sin ser un promotor de la abolición.[44]

El abolicionismo se adecuó idealmente a la cultura unitaria, trascendentalista y en general poscalvinista de la nueva escuela, como la de Nueva Inglaterra, una cultura cada vez más obsesionada por la autoridad moral de la conciencia individual. Los abolicionistas consideraban que todo sistema que tolera la esclavitud era malo.[45] Afirmaban el derecho natural a oponerse al Estado por razones de conciencia. Los abolicionistas no estaban interesados en reformas sino en la transformación, en un cambio en la visión moral de la gente, en un cambio de mentalidad. Para ellos el abolicionismo era una vida, no un impulso.[46]

En tercer lugar, en el marco de los debates sobre el abolicionismo, Menand muestra la crítica a la religión de Emerson, afirmando que el abolicionismo emersoniano asocia la tolerancia de la esclavitud con la mentalidad conformista de la religión institucionalizada.[47] Menand presenta el tema del libre albedrío en asuntos de religión citando una frase del emersoniano Wendel Holmes: «el deber no sería menos obligatorio aunque nunca se hubiera escrito la Biblia, o si

---

[42] *Ibid.,* p. 33.
[43] Lois Menand, *op. cit.,* p. 27.
[44] *Op. cit.,* p. 24.
[45] *Op. cit.,* p. 27.
[46] *Ibid.,* p. 28. William L. Garrison, citado por Menand.
[47] *Ibid.,* p. 39.

fuéramos a perecer mañana»,[48] añadiendo mas adelante: «la disciplina del apóstata a menudo es más estricta que la observada por el fiel, y Emerson constituye un ejemplo notable. Había cierta pureza en su estilo intelectual».[49]

W. Holmes, tal como Emerson, era amigo de cuáqueros[50] abolicionistas, diferenciándose y distanciándose así de grupos como el de los Hermanos Libres (Christian Brethren), que se consideraba «ortodoxo» y favorecían la esclavitud.[51] Emerson creía que una visión científica del mundo no era incompatible con las creencias morales, y que era posible una mejor moral fuera y no dentro de la religión organizada.

En cuarto lugar, respecto a la teología de la Guerra de Secesión, Emerson no aceptaba la violencia del antiesclavismo. Algunos antiesclavistas no creían en la igualdad racial y eran de ideas sociales conservadoras.[52] Para los afrodescendientes latinoamericanos, se trata de un tema inusitado respecto a la lectura del movimiento antiesclavista norteamericano y al trasfondo del movimiento y la teología de la santificación. Para los antiesclavistas, la Guerra de Secesión era «la cruzada cristiana del siglo XIX».[53] La Guerra de Secesión para los antiesclavistas pasó a ser una cruzada moral, «un deber consigo mismo, con el país… y con Dios».[54] Los abolicionistas estaban convencidos de que «la certeza conduce a la violencia»,[55] y que las creencias no pueden dejar de ser válidas, como ejemplo, que la esclavitud es censurable, hasta el punto de tomar las armas para defender esta creencia. Criticaban la suposición que era correcto defender aquello a lo que uno se ha acostumbrado, era una defensa favorable al *statu quo*, considerada como algo justo. Lo correcto y lo incorrecto, creían, está en función de las circunstancias.[56]

---

[48] Citado por L. Menand, en *El club de los metafísicos*, pp. 39-40.

[49] *Ibid.*

[50] Los cuáqueros, como Seth Rees, fueron un elemento importante en la formación de la Iglesia de los Peregrinos a fines el siglo XIX.

[51] *Ibid.*

[52] L. Menand, *op. cit.*, pp. 64-65.

[53] *Ibid.*

[54] *Ibid.*, cita de Wendel, por Menand.

[55] *Ibid.*

[56] L. Menand, *op. cit.*, pp. 76-81.

En quinto lugar, siguiendo este acercamiento, Menand nos presenta a dos mujeres trascendentalistas de fines del siglo XIX, Jane Addams y Ellen Gates Starr, vinculándolas al movimiento del evangelio social, por la obra que desde su filosofía trascendentalita realizaron en un barrio pobre de Chicago. Estas mujeres crearon la Hull-House en 1889, en un barrio de afrodescendientes e inmigrantes. Era una residencia social, en una zona empobrecida, donde vivían y trabajaban por la reforma social. Combinaban el samaritanismo cristiano del evangelio social con la crítica al industrialismo. Así fusionaban lo espiritual, el contacto fraterno con los pobres como algo bueno para el alma y la creencia en la reforma social por medio de la literatura y el arte, para evitar el empobrecimiento cultural.

Es preciso resaltar que Hull-House era más que un centro de asistencia social, era un centro educativo no formal, que patrocinaba conferencias, inculcaban normas cívicas en el marco de la interculturalidad, promovía la literatura, la instrucción dietética, la música coral y ofrecía los servicios de una guardería infantil. Es evidente que este fue un modelo que tuvo su paralelo, salvando las distancias, en las Casas de Rescate, que por aquella época promovió el movimiento de santidad, en los barrios marginales de Norteamérica y que posteriormente fue su modelo de inserción en la misión en Sudamérica.[57] Una afirmación de Menand nos sirve para cerrar esta síntesis, el trascendentalismo fue un movimiento de supernaturalismo antes de que la ciencia suplantara a la teología como discurso dominante en la vida intelectual norteamericana.[58]

Joaquín de Fiore, Manuel Lacunza y la evolución del premilenarismo

Un aporte significativo al estudio de la relación entre la visión de la historia y la ética del reino de Dios, lo constituyen las ponencias presentadas en el *Seminario internacional sobre milenarismo, mesianismo, pensamiento utópico y escatología en homenaje a Manuel Lacunza*, realizado en el año 2003, y organizado por la Facultad de Teología y la Facultad de Historia de la Pontificia Universidad Católica de Chile,

---

57 L Menand, *op. cit.*, pp. 313-316.
58 L. Menand, *op. cit.*, pp. 92-94.

cuyos principales estudios han sido publicados por la revista Teología y Vida de la Facultad de Teología de la menciona universidad. Tres de estas ponencias abordan temáticas consideradas en este estudio, la de Fredy Parra, *Historia y escatología en Manuel Lacunza: La temporalidad a través del milenarismo lacunziano;* de Adriano Prosperi, *América y Apocalipsis;* de Joseph Ignasi Saranyana, *Sobre el milenarismo de Joaquín de Fiore: Una lectura retrospectiva.* En el abordaje de las ideas de Joaquín de Fiore, estas se analizan a propósito de su relación con la visión de la historia y la relación de esta con la visión que Wesley tuvo de la historia. En lo que respecta a Manuel Lacunza (1731-1801), se le da consideración a su escatología por su relación con el milenarismo protestante que gestó el dispensacionalismo premilenarista en el siglo XIX y la influencia que este tuvo en la visión de la historia en movimientos como el de santidad, que tuvo un desplazamiento misionero a Latinoamérica, creándose un escenario de encuentros de milenarismos.

La ponencia de Parra, sobre *Historia y escatología en Manuel Lacunza: Temporalidad a través del milenarismo lacunziano,* plantea que la obra de M. Lacunza, *La venida del Mesías en gloria y majestad* (1790), puede considerarse un sistema ya que cuenta con un conjunto de concepciones que forman un todo coherente en torno a un principio central, la esperanza mesiánica y milenarista de un reino terrestre de Jesucristo antes del fin definitivo de la historia y del tránsito a la eternidad.[59] La obra contiene una visión de la historia, una visión de la parusía, un concepto peculiar del reino mesiánico terrestre, una visión de la iglesia actual y futura, y una idea de la eternidad.[60]

F. Parra comienza por estudiar el concepto de tiempo, tiempos, «eones» y eternidad en Lacunza. Luego procede a explicar la idea de los tiempos o venidas del Mesías. El tiempo del Mesías no es uno solo, sino dos tiempos diversos entre sí, uno que ya pasó y otro que todavía no ha llegado. El segundo es más grande y admirable, pues se trata de la venida del Señor, de su reino y majestad. Concluye en que Lacunza

---

[59] F. Parra, *Historia y escatología en Manuel Lacunza,* en Historia y Vida Vol. XLIV, pp. 167-183.
[60] *Ibid.*

pretendía explícitamente un sistema capaz de franquear esa línea divisoria que separaba las experiencias judías y cristianas relativas al tiempo. El sistema cristiano habitual, como el de los judíos, representan dos mitades que unidas pueden llegar a conformar un único y correcto sistema.[61]

El siguiente asunto que aborda la ponencia es la tensión entre lo temporal y la acción en el sistema de Lacunza. Según Parra, Lacunza no niega la acción ni la libertad de obrar, lo que niega es que esta acción pueda producir el reino de Dios. Lacunza no tiene la idea de la posibilidad de una anticipación del reino en el aquí y ahora de esta historia. Está convencido de que el reino solo lo puede traer el Mesías. La historia es contradictoria y ambigua y lo será mientras dure el siglo presente.[62] En Lacunza, la espera del reino es activa, la práctica de la fe y la justicia no es un «hacer» el reino sino esperarlo activamente.[63] Lacunza enfatiza el carácter inminente del reino, pero no le presta atención al cálculo de fechas. El reino viene de un modo inesperado. La idea moderna de progreso, tal como se elabora a partir del siglo XIX, es ajena a la mentalidad de Lacunza, por lo que no relaciona el accionar humano con la esperanza del reino.[64] La ponencia revisa luego la parusía y el tiempo en el debate contemporáneo, especialmente el aporte de N. Berdiáyev, quien mostró interés y aprecio por la obra de Lacunza. Berdiáyev, sostenía que, sin la idea de una meta no es posible entender lo que es la historia; al final de la historia, este mundo enclaustrado en sí mismo, esta realidad terrestre dejará de existir.[65] Parra termina rescatando la idea de Lacunza sobre la acción en la historia, en la cual actuar en fe y por la justicia es actuar en espera del reino, pues la felicidad completa y eterna ha sido prometida a los justos.[66]

En la segunda ponencia sobre *América y Apocalipsis*, presentada por Adriano Prosperi,[67] sintetiza la manera en que la idea del nuevo

---

[61] *Ibid.*, pp. 173-174.

[62] *Ibid.*, p. 175.

[63] *Ibid.*

[64] *Ibid.*, p. 176.

[65] *Ibid.*, p. 180.

[66] *Ibid.*, p. 182.

[67] A. Prosperi, *América y Apocalipsis*, en Teología y Vida Vol. XLIV, pp. 196-208.

mundo y fin del mundo se entretejen. La espera de un nuevo mundo condujo a una lectura apocalíptica del encuentro de los dos mundos. Tanto católicos como protestantes gestaron una visión apocalíptica en el marco de la instalación de la utopía como termino que hace referencia al proyecto de una sociedad imaginaria.[68] El momento del fin tradicionalmente envuelto en la oscuridad pareció descifrable a partir del descubrimiento de las poblaciones americanas. Los primeros misioneros franciscanos estaban convencidos de que el descubrimiento del Nuevo Mundo era el último acto de la historia que se encaminaba hacia su fin.[69] Los jesuitas fueron más bien críticos de las tendencias proféticas y de los impulsos utópicos, amenazados por estas tendencias. José de Acosta, autor de la obra *De procuranda indorum salute*, según Prosperi, estaba preocupado por el potencial revolucionario contenido en la idea del milenio y del fin del mundo: los grandes espacios americanos parecían el territorio ideal para elaborar el modelo de sociedad perfecta y para realizar aquel «nuevo mundo» de tradición judeocristiana.[70]

Según Prosperi, las órdenes misioneras, franciscanos, dominicos y jesuitas, fueron estimuladas por ideas escatológicas, como las de Juan Federico Lumen, en *De extremo Dei indicio et indorum vocatione*, publicada en 1567, en la que elogia la obra misionera en el Nuevo Mundo y afirma que estamos en la hora undécima (Mateo 24.14), pues los acontecimientos que se estaban dando, con la unificación del mundo y las guerras de religión, mostraban un futuro en el que Dios se preparaba para la conversión final de todos, incluyendo los judíos.[71] Las misiones fueron acusadas de un impulso utópico y milenarista y de «querer hacer un nuevo mundo». La represión a estos movimientos alcanzó al movimiento milenarista del dominico Francisco de la Cruz, enviado por la Inquisición a la hoguera en 1578. La esperanza de construir en América una nueva cristiandad, una sociedad humana sin defectos, se nutrió de la crisis europea y de las perspectivas abiertas por el Nuevo Mundo.[72]

---

[68] *Ibid.*, p. 197.

[69] *Ibid.*, p. 199.

[70] *Ibid.*, p. 207.

[71] *Ibid.*, p. 206.

[72] *Ibid.*, p. 207.

La tercera ponencia de interés al estado de la cuestión de la investigación realizada es la de Joseph Ignasi Saranyana, *Sobre el milenarismo de Joaquín de Fiore: Una lectura retrospectiva.*[73] Saranyana califica de «sistema poliédrico» al sistema teológico de Joaquín de Fiore (ca. 1130-1202). La teología que Fiore tenía respecto a la historia constituye uno de los discursos más interesantes de la teología monástica y de la historia del pensamiento occidental. Saranyana sostiene que Fiore nunca se manifestó premilenarista y que por el contrario tal vez posmilenarista o amilenarista. Debemos preguntarnos si no debemos contarlo como un posmilenarista mitigado.[74] Esta habría sido la percepción que también tuvo Fletcher, amigo de Wesley, que lo indujo a esta visión de la historia. Saranyana distingue y describe los tres tipos de milenarismo: el amilenarismo, el premilenarismo y el posmilenarismo.[75] Evalúa, a la luz de los escritos de Fiore, el corpus joaquinista, lo que denomina el joaquinismo, que lo presenta como premilenarista. Fiore, rechazando la persecución contra los cátaros y valdendenses, se inscribe en la defensa de los movimientos «laicales» aparecidos al final del siglo XII. A la profecía de los dos testigos del Apocalipsis (Ap 11.1-5), Elías y Enoc, Fiore añade su profecía sobre el tercer estado, en el que prevalecen los monjes laicos por encima del sacerdocio. Los varones espirituales corresponden a dos órdenes de justos, a lo que adhirió un tercer orden según lo cual los tres varones son Enoc, Elías y Moisés. Esto significa que la era de los patriarcas, la era de la ley, que prefigura la era del Hijo y la era de Elías, se semeja a la era del Espíritu Santo.[76]

Saranyana reafirma que no está suficientemente fundada la idea de que Fiore adscriba el premilenarismo. El tercer estado lo entendía sin signos ni figuras, apropiado al Espíritu Santo, lo que más bien da lugar a una interpretación posmilenarista, en el que surge una orden de carácter laical vinculado al segundo estado. Finalmente, Saranyana concluye que, en último caso, podría tratarse de un premilenarismo mitigado cuando Fiore afirma: «Después de la venida del Señor en

---

[73] J.I. Saranyana, *Sobre el milenarismo de Joaquín de Fiore: Una lectura retrospectiva*, en Teología y Vida Vol. XLIV, pp. 221-232.

[74] J.I. Saranyana, *op. cit.*, pp. 224, 230.

[75] *Ibid.*, pp. 224-225.

[76] *Ibid.*, pp. 229-230.

gloria y majestad, habrá todavía un grande espacio de tiempo, esto es de mil años, o indeterminados, hasta la resurrección y el juicio final».[77]

Estudios sobre la temática desde dentro del movimiento de santidad

El premilenarismo y su relación con la teología reformada

Es evidente que el movimiento de santidad estuvo integrado principalmente por tres componentes, que procedían de tradiciones teológicas tanto del metodismo, del cuaquerismo y de las tradiciones reformadas, presbiteriana y congregacional. La reformada contribuyó con una visión de la historia basada en la historia de la redención y delineada por una lectura teológica de la alianza entre Yavé y el pueblo escogido, alianza que fue renovando a lo largo de su historia. Básicamente los reformados enseñaban dos dispensaciones, separadas por el acontecimiento de Jesucristo. En ambas, el protagonista es el pueblo de Dios, llamado Israel antes de Jesucristo y después iglesia. El asunto pendiente en la investigación sobre el movimiento y la teología de la santificación es, en qué momento y debido a qué factores la corriente reformada congregacionalista y presbiteriana, experimenta una mutación escatológica y se pasa de la afirmación posmilenarista al premilenarismo.

La difusión de la obra de J.O. McClurkan (1861-1914), ha venido a contribuir al avance de ese esclarecimiento. En 1998 se publicó un libro en honor a dicho autor: *J.O. McClurkan: His life, His Theology, and Selections from his Writings*, compilado y comentado por William J. Strickland y H. Ray Dunning. Hoy esta obra es una guía para los estudios de la corriente de trasfondo reformado en el movimiento de santidad. McClurkan se suscribió al premilenarismo y es considerado un «teólogo popular»,[78] dirigente de Iglesia Presbiteriana de Cumberland, organizada en 1810, un sector de la cual se unió a los nazarenos en

---

[77] *Ibid.*, p. 231, citado por J.I Saranyana.
[78] William J. Strickland, J.O. McClurkan, *His Life, His Theology, and Selections from his Writings*, p. 87.

1914. Es más conocido por su obra *Santificados por completo*, traducida al español en 1951. McClurkan, en su obra *Esperando que él venga*, (1901), veía el inminente retorno de Cristo como que constituía un incentivo para la santidad, el entusiasmo y el arduo trabajo misionero. Sigue los residuos posmilenaristas en la escatología de A.B. Simpson, también presbiteriano, quien comenta que «la segunda venida no será una sorpresa, por que el maestro mismo está ahora mismo en nuestros corazones».[79]

McClurkan es sistemático es su escatología y en su aplicación práctica es pastoral. Estaba convencido, por su trasfondo posmilenarista, que la última hora exige acción: evangelismo, misiones, educación. Fundó el Trevecca College (hoy universidad), pensando en los menos favorecidos. Promovió una corriente milenarista y misionera de «la undécima hora en movimiento» con la idea de «el principio del fin», inspirado en la parábola de los jornaleros Mt 20.1-16. Su enseñanza básica fue la relación entre la historia de la salvación y el evangelismo. Una teología de la historia con reminiscencias reformadas sobre la teología del pacto o de la alianza.[80]

McClurkan procuró fusionar el calvinismo conversionista de George Whitefield (1714-1770) con el avivamiento y arminianismo de Wesley (1703-1791). Esta fusión calificada de «ecuménica»,[81] de diálogo entre Calvino y Arminio, fue explicada por McClurkan como «ecléctica».[82] Ambos sistemas teológicos fueron adoptados en el Trevecca College que fundó y dirigió. De esta manera, promovió una teología que buscaba un equilibrio entre las dos tradiciones teológicas presentes en el movimiento de santidad. Este teólogo popular creía que la pentecostalidad habría de derribar las barreras y aun la barrera de su propio sistema de enseñanza.

McClurkan, al asumir la pentecostalidad como mediación para obtener un balance entre las tradiciones teológicas, fue cambiando de visión de la historia e implícitamente fue aceptando la idea de estar viviendo en la era del Espíritu Santo. Esto lo condujo al pesimismo

---

[79] *Ibid.*, p. 91.
[80] *Ibid.*, p. 92.
[81] *Ibid.*, p. 88.
[82] *Ibid.*

en su visión de la historia, enseñando que tras el retorno premilenario de Cristo sería establecido el reino en la tierra y todos los problemas sociales del mundo serían resueltos por Cristo.[83]

McClurkan coincidió escatológica y misiológicamente con A.B. Simpson, quien había contribuido en 1890 a la elaboración de un nuevo paradigma cuadrangular, conocido como la enseñanza del «evangelio completo» o el «evangelio cuádruple»: Cristo salva, sana, santifica, viene otra vez.[84] McClurkan publicó su obra, *Behold He Cometh*, (He aquí que viene) en 1901. Simpson, también presbiteriano, había adoptado el premilenarismo histórico. McClurkan fue más allá y siguió el premilenarismo dispensacional, sin considerarlo una desviación de su interpretación bíblica de la historia.[85]

La misiología de McClurkan, que se evidencia en la difusión de su obra escatológica, refleja su incidencia en la escatopraxis. La idea de estar en la última dispensación exige acción, esta consiste en evangelismo, misiones y educación. Sin embargo, el sentido de la urgencia en el cumplimiento de la tarea misionera, en la «hora undécima», hizo que la educación quedara suspendida o por lo menos postergada.[86] El evangelismo y las misiones en sí fueron considerados como un servicio, que produciría el estar preparados para participar en el reino que sería inaugurado tras la parusía.

La educación necesariamente producía la reforma social, esta encuadraba mejor con el posmilenarismo y la idea de ir construyendo las señales del reino aquí en la historia. El aporte de la difusión de la obra de McClurkan, va a contribuir a explicar por qué después de dos décadas de misión en Latinoamérica, el movimiento de santidad abandonó su obra misionera de las Escuelas Granja y «escuelas inglesas».

La revisión del premilenarismo dispensacionalista

La importancia que ha cobrado la escatología, a fines del siglo veinte, con estudios sistemáticos y desde la historia de la teología ha producido un interés por los estudios y publicaciones por parte de las

---

[83] *Ibid.*, pp. 87-93.

[84] A.B Simpson, escribió *El evangelio cuádruple* en 1890. Ver. O. Fernández, Tesis p. 138.

[85] William J. Strickland, *J.O. McClurkan: His Life, His Theology, and selections from his writings*, pp. 91-92.

[86] *Ibid.*, p. 92.

instituciones eclesiales y teológicas. El principal reto es el aumento de la comprensión de la misión cristiana como una tarea que no solo debe llamar a la conversión, sino que también debe comprometerse con el cambio social, como una expresión de las señales de un avance del reino de Dios. La idea de que lo que se hace en lo social y político no tiene que ver con el reino, no ha logrado demostrarse lo suficiente por la exégesis bíblica. La importancia de la normatividad o el cimiento de la teología en las Escrituras ha conducido a revisar enseñanzas que fueron incorporadas al sistema teológico debilitando la escatopraxis,[87] como consecuencia del énfasis en la experiencia de santidad individual y social.

Los estudios compilados por Everet Leadingham y traducidos al español en el 2001, con un cuadernillo guía para el uso de clases en iglesias e institutos, son artículos de síntesis representativos del desarrollo de la doctrina escatológica en la tradición teológica de santidad. Bajo el título *El fin* y el sugestivo subtítulo *¿Cómo enfrentamos el fin del tiempo y el principio de la eternidad?*, esta obra no fue difundida sino a partir del 2003 y en español a partir del 2005. Las razones son las propuestas de revisión de la escatología en la teología de la santificación. Este es un texto que populariza el progreso académico en torno a la explicación de la relación entre ética de santidad y escatología. Los autores son profesores de universidades nazarenas y pastores con estudios de posgrado que abordan temas como la preocupación escatológica y apocalíptica, la idea del tiempo y la eternidad, la parusía y el milenarismo y el reino de Dios; discuten el premilenarismo, el amilenarismo y el posmilenarismo, evalúan críticamente el premilenarismo dispensacionalista, como la última interpretación que se formuló y declinó a fines del siglo XX.[88]

R. Hahn, autor del ensayo *¿Qué creemos los wesleyanos?* cita a Phoebe Palmer y Daniel Steele. A este último considera «uno de los eruditos más respetados del movimiento wesleyano a fines del siglo XIX» y un fuerte defensor del posmilenarismo y opositor al premilenarismo dispensacionalista que enseñaba John Darby, considerándolo un

---

⁸⁷ Ver Oswaldo Fernández, Tesis, p. 111.
⁸⁸ R. Hahn, en E. Leadingham, (ed.), *El fin*, p. 64.

sistema de pensamiento escatológico de influencia calvinista.[89] En este ensayo se esclarece que el premilenarismo no fue aceptado sino parcialmente hasta la década de 1930. Para Hahn «las formas más radicales del dispensacionalismo son pesimistas e inhiben la relación con el mundo. Los wesleyanos, sostiene, participamos en ministerios de compasión y en asuntos de la justicia social. Creemos que el trabajo del reino es luchar contra el mal. El wesleyanismo es optimista, y que Dios desea hacer el bien es este mundo».[90]

En las conclusiones, el doctor David Kendall, de la Iglesia Metodista Libre, rechaza la idea de que los acontecimientos el Medio Oriente marcan la hora los últimos tiempos y aboga para que «resistamos esa tentación» y veamos nuestro entorno «cada día y cada momento según su significado eterno».

La «subversión» de la teología en las iglesias de santidad

Pero sin duda, la obra más importante de los estudios actuales sobre la historia de la teología del movimiento de santidad, la constituye la de Mark R. Quanstrom, *A Century of Holiness Theology*, publicada en el 2004 a propósito de los preparativos para el centenario de la Iglesia del Nazareno en el 2008. Se trata de un estudio exhaustivo de la historia de la teología del movimiento de santidad.

M. Quanstrom se propuso estudiar el cambio gradual en el entendimiento de la doctrina de la entera santificación. Reconoce que, en un principio, la explicación de la doctrina reflejaba el optimismo de la sociedad a inicios del siglo xx, y la ortodoxia del siglo xix respecto a la santidad y el énfasis en la entera santificación como una experiencia instantánea y segunda obra de gracia que erradica la pecaminosidad natural, solamente por la fe y trae la consagración que resulta de la santificación de la persona.[91] Esta ortodoxia comenzó a ser moderada, como una teología que proponía la idea de que el pecado podría ser más limitado que erradicado. Esto dio inicio a una revisión de la doctrina formulada por John Wesley en el siglo xviii, conduciendo al estudio

---

[89] *Ibid.*, p. 69.
[90] Roger Hahn, en Everett Leaddingham, *El fin*, pp. 67-73.
[91] Mark R. Quanstrom, *A Century of Holiness Theology*, pp. 11-25.

de las diversas formulaciones de la doctrina en el siglo xix, de las que resultan por lo menos dos definiciones en la Iglesia del Nazareno contemporánea.[92]

En primer lugar, se dedica a relacionar el movimiento de santidad del siglo xix y su teología con la perdurabilidad del ideal estadounidense, bajo la creencia de estar en «un siglo de progreso espiritual», oportuno para la «recristianización del continente». Pero es esclarecedor respecto a que este optimismo se fue evaporando a comienzos del siglo xx. Esto influyó en la evolución de la doctrina del ms respecto a la obra de la gracia, interpretada como una entera santificación subsiguiente a la salvación, la que pasó de interpretarse como una experiencia instantánea a ser concebida como un notable proceso de crecimiento en santidad.[93]

Quanstrom profundiza el estudio de la relación a fines el siglo xix y comienzos del xx, entre el destino manifiesto divino, la esperanza milenarista y el optimismo en el progreso espiritual con la creencia en la entera santificación en el ms, que proclamaba el evangelio completo como una expresión del amor de Dios, de la búsqueda de la paz y la justicia, las cuales triunfarían al fin. Ellos querían reformar el mundo. El ambiente idealista se inspiraba en la creencia de tener como nación un destino manifiesto divino. Esto reforzó el optimismo del perfeccionismo del movimiento de santidad. Creyeron que el evangelio de la perfección cristiana era la clave para un siglo de progreso espiritual. La esperanza milenarista se reinstaló considerando que era inminente el retorno de Cristo, dado el progreso espiritual de la época. [94]

El autor sigue a Vincent Synan, y evidentemente también a Timothy Smith, en la consideración del movimiento de santidad como una «forma de trascendentalismo evangélico» que floreció en el idealismo de una joven y creciente nación estadounidense.[95] Los del movimiento de santidad eran políticamente progresistas, reformadores sociales, partidarios del evangelio social, evangélicos idealistas, gente con un

---

92 *Ibid.*
93 *Ibid.*
94 *Ibid.*
95 Quanstrom, *op. cit.*, p. 17.

estilo de vida contracultural. Aunque fundamentalmente disentían con la idea de una «edad de oro», no obstante, creían que el milenio se estaba acercando.[96] Para el MS la naturaleza del reino milenario llegó a ser diferente, no tendría una realización en la historia estadounidense, esta no sería la tierra prometida. El movimiento de santidad se desligó de la utopía socialista, sin renunciar a los valores del reino de Dios en la historia de justicia, paz y alegría en el Espíritu Santo. Elaboró una moral milenarista, desde la expectativa del reino, que se reflejó en la novela de Charles M. Sheldon, *En sus pasos: ¿Qué haría Jesús?*, publicada en 1897. Posteriormente, el socialismo cristiano de Walter Rauschenbusch (1861-1918), hasta antes de la Primera Guerra Mundial, constituyó una propuesta idealista, metafísica, en el marco aún de la era del optimismo, que creía que el progreso llegaría a dominar y que el mundo no podría cambiar esa realidad.[97] La idea de que el milenio está cerca comenzó a dominar la esperanza en el movimiento de santidad. La síntesis «Cristo viene otra vez» va adquiriendo sentido para ellos. Cristo viene a establecer su reino en la tierra. La perfección y la preservación de la ética de santidad se volvió más necesaria.

Quanstrom ha profundizado el estudio de la pecaminosidad del ser humano, partiendo del reconocimiento de que algunas iglesias del movimiento de santidad, como los nazarenos y los peregrinos, han llegado a entender que esta doctrina de la entera santificación refleja el optimismo del siglo XIX y parte del «realismo teológico» contemporáneo. El autor traza los momentos de la doctrina, identificado una primera *fase ortodoxa*, en el siglo XIX; de la afirmación de una segunda obra de gracia que erradica el pecado natural. Quanstrom le presta especial atención a Daniel Steele en esta fase, considerándolo, como Richard Taylor, «uno de los teólogos de mayor influencia en el movimiento de santidad moderno».[98] Steele, en el marco del progreso humano a su plena realización, vio el bautismo del Espíritu Santo como una entera santificación y como la gran necesidad de la iglesia. El autor considera a Steele un optimista, que como integrante del MS estaba convencido de que el bautismo del Espíritu Santo era la gran esperanza para la unidad

---

[96] *Ibid.*

[97] Quanstrom, p. 19.

[98] *Op. cit.*, p. 34.

del cristianismo.[99] La entera santificación y el bautismo del Espíritu Santo a principios del siglo xx llegaron a ser sinónimos gracias a la influencia de Steele. De esta forma, la pentecostalidad fue aceptada como un paradigma para la experiencia cristiana.[100] Este fue el inicio de la ruptura con la ortodoxia wesleyana.

Un segundo momento, implícitamente lo vino a constituir la sistematización de la teología por teólogos como Aarón M. Hills, en la que se rechazó la depravación total del ser humano y se reivindicó el factor volitivo y la libertad del ser humano, influenciados todavía por el optimismo presente aún en la cultura, a principios del siglo xx. Al igual que John Miley, consideró que los antiguos metodistas no habían tomado el Pentecostés como paradigma u ocasión para la entera santificación. Evitaron describir la santificación en términos extravagantes.[101]

Sobre el milenarismo de los teólogos del ms, Quanstrom señala el hecho que A.M. Hills fue posmilenarista, mientras que los nazarenos eran premilenaristas. Resalta también el hecho que los primeros líderes del movimiento eran posmilenaristas y que esperaban la realización del reino. Sin embargo, la crisis del optimismo en la historia tras la Primera Guerra Mundial y el surgimiento del fundamentalismo con su énfasis en la segunda venida personal de Cristo, llevó al ms al premilenarismo en las primeras décadas del siglo xx.[102]

Quanstrom en su *A Century of Holiness Theology* aborda también la santificación como doctrina y el significado de la santidad. Aquí introduce el «realismo teológico» de Reinhold Niebuhr, para quien «el pecado no es necesario, pero es inevitable».[103] La santidad no es el trabajo final del Espíritu Santo. Quanstrom, que procuraba seguir la diferencia entre pecado y error, sin conseguirlo, sostenía que la santificación según D. Shelby Corlett, quien fuera editor del Heraldo de Santidad, no es una obra terminada y se necesita la confesión, la disciplina y el crecimiento en gracia. [104] Hay cinco verdades esenciales de la entera

---

[99] *Op. cit.*, pp. 35-36.
[100] *Ibid.*
[101] Quanstrom, *op. cit.*, p. 59.
[102] Quanstrom, *op. cit.*, p. 66.
[103] Quanstrom, *op. cit.*, pp. 92-93.
[104] Quanstrom, *op. cit.*, p. 106.

santificación: (1) la santificación es una segunda obra de gracia; (2) la santificación, como la justificación, es instantánea y fue establecida en el Pentecostés; (3) la entera santificación libera al creyente del pecado, el cual es erradicado como una obra de gracia. Esta erradicación lleva a vivir momento a momento la vida de santidad, lo cual la hace relativa y personal; (4) la santificación es una experiencia que pertenece a esta vida; (5) la santificación se identifica con el bautismo del Espíritu Santo. A partir de una experiencia pneumática, se hace evidente la regeneración que ha anticipado la santificación.[105]

Esta teología histórica en una sección sobre el llamado a la santidad, trae al escenario la relación con la ética de santidad y los vínculos entre el avivamiento y la reforma social, que es la tesis de Timothy L. Smith.[106] El concepto de la perfección conduce al regreso a Wesley, pues hay una diferencia entre lo que Wesley creía y lo que cree el movimiento de santidad. Wesley no igualaba el bautismo del Espíritu Santo o Pentecostés con la entera santificación.[107] El Espíritu está activo en la administración de la gracia, obra en el creyente su justificación y manifiesta los frutos el Espíritu tras la santificación, que es el resultado del sacrificio de Cristo.

Sin duda que el tema más importante en Quanstrom viene a ser la clarificación de la «erradicación», como una experiencia posterior a la conversión. Aquí expone la teología de Mildred Bangs Wynkoop, respecto a su obra *A Theology of Love,* publicada en 1972. Wynkoop considera irreconciliables la promesa de la entera santificación y la realidad de la experiencia humana. Esta exposición es una especie de introducción a lo que Quanstrom va a denominar «una teología subversiva». La doctora Wynkoop, desde la perspectiva de la «teología relacional», que considera que la santidad y el pecado son dos formas de relación con Dios, una positiva y otra negativa, pero ambas activas en la misma persona y que la hacen objeto del amor de Dios, rechaza la idea de «erradicación» y «pecado natural», y prefiere hablar de limpieza del pecado.[108] La santificación es probable, pero una crisis en

---

[105] Quanstrom, *op. cit.,* pp. 108- 115.
[106] Quanstrom, *op. cit.,* p. 117.
[107] Quanstrom, *op. cit.,* p. 131.
[108] Quanstrom, *op. cit.,* pp. 145-146.

el proceso de salvación no es necesaria. La santificación no sucede en el bautismo con el Espíritu Santo, sostiene M. Wynkoop.[109] En el debate que sigue Quanstrom respecto a estas afirmaciones, concluye que los teólogos nazarenos contemporáneos, como Mildred Wynkoop y Ray Dunning, no identifican el bautismo del Espíritu Santo con la entera santificación. Sin embargo, la Iglesia del Nazareno, en su declaración de fe, ha preferido seguir la «postura histórica», en la experiencia apostólica, atribuyendo la entera santificación al bautismo con el Espíritu Santo.[110]

La «teología subversiva» se refiere más a la teología de Ray Dunning, expuesta en *Grace, Faith and Holiness: A Wesleyan Systematic Theology*, publicada en 1988 como resultado del encargo que le hicieran de escribir una teología sistemática para la Iglesia del Nazareno que continuara la producción teológica realizada por A. M Hills y Orton Wiley. Esta teología no ha llegado a ser oficial, pero si representativa[111] y aceptada dentro de un espíritu pluralista, en el que es posible tolerar puntos de vistas distintos en asuntos no esenciales, como lo escribió John Knight un reconocido dirigente nazareno. Los nazarenos y otras iglesias del movimiento de santidad se han guiado en los puntos controversiales por el principio de «en lo esencial, unidad; en lo no esencial, libertad; en todo, caridad».

Al igual que M. Wynkoop, R. Dunning adoptó un modelo relacional ontológico en contraste con el modo tradicional de pensamiento. De acuerdo con este modelo, «la esencia de una persona está constituida principalmente por su relación con Dios». El hombre en su calidad de ser humano no es posible, pues esa relación esencial con Dios fue la que definió el ser de una persona. Dunning considera que el «modelo relacional ontológico» podría servir para hacer viable la doctrina de la santificación y la de la libertad del pecado. La santidad es una firme devoción a Cristo.[112] La santificación como relación coloca un énfasis distinto a la comprensión de la santidad, introduce tal como lo ve Steele la relación de la santidad con la ética, siendo

---

109 Quanstrom, *op. cit.*, p. 150.
110 Quanstrom, *op. cit.*, pp. 157-163.
111 *Ibid.*
112 *Ibid.*

la relación con Dios la que hace a una persona recta, aquí y ahora. Considera a la santidad, como en la ortodoxia reformada, como subsiguiente a la justificación, desde esta perspectiva todos los creyentes son santificados y evidentemente la justificación y la santificación son cronológicamente simultáneas, se es salvo y santificado a la vez.[113] Tanto M. Wynkoop como R. Dunning ponen énfasis en la primera obra de gracia, la conversión radical.

Quanstrom sigue a Dunning en la relación trinitaria del bautismo con el Espíritu Santo, con la santificación y con la dispensación del Espíritu, que enseñaba Fletcher. Pero, resalta la afirmación que la segunda obra de gracia no es la única obra del Espíritu Santo. La santificación es un proceso que se inicia en la regeneración y no existe gran diferencia entre lo que indican los dos términos.[114] Para Dunning, la entera santificación es una intención o motivación para un énfasis en el proceso de la santificación, como Wesley enseñó, la entera santificación significa amar a Dios con todo el corazón, con toda el alma, la mente y las fuerzas, y amar a nuestro prójimo como a nosotros mismos.[115] La renovación de la imagen de Dios no siempre queda terminada por la segunda obra de gracia. Esta sería mas bien un proceso de renovación, que va más lejos y se da a lo largo de la vida.[116] Esto hace de la teología de Dunning una teología radical.

Mark Quanstrom reincorpora las obras de M. Wynkoop, *A Theology of Love, The Dynamic of Wesleyanism* (1972), y de R. Dunning, *Grace, Faith and Holiness: A Wesleyan Systematic Theology* (1988), las que pasan inadvertidas en el quehacer teológico latinoamericano en torno a la teología de santidad, así como la publicación de Mark Noll, *The Scandal of the Evangelical Mind* (1994). Estos autores esclarecen aspectos de la teología de la santificación que deben tenerse en consideración.[117] Los estudios de Wynkoop y Dunning constituyen una nueva ruptura, después de la propuesta por D. Steele en el siglo XIX, que afirmaba estar en la era del Espíritu Santo y terminó relacionando la santificación con el bautismo del Espíritu Santo. Se trata de una evidente ruptura con la

---

[113] *Ibid.*
[114] *Ibid.*
[115] *Ibid.*
[116] *Ibid.*
[117] *Ibid.*

ortodoxia que considera la santificación subsiguiente a la justificación y simultánea de esta. Sin embargo, estas teologías constituyen una ruptura con la heterodoxia y un retorno a la ortodoxia.

Dentro de esta «subversión» en la teología del movimiento de santidad, se encuentra la obra más difundida de esta corriente, *Wesleyanos en el siglo XXI*, escrita por David L. McKenna, de la Iglesia Metodista Libre, y publicado en español en el 2000. Esta obra consiste en una propuesta para poner al día la teología de la santificación contemporánea. La propuesta consiste en asumir lo históricamente wesleyano y aplicarlo a la época en que vivimos. Es un llamado a volver a la ortodoxia, especialmente respecto a la ética de santidad y a la santidad social. McKenna concibe al movimiento wesleyano como una fuerza espiritual genuina para la redención individual y la renovación social y cultural.[118] McKenna, así como Wesley, alza la voz contra la esclavitud y aboga por el carácter wesleyano del movimiento de santidad, para que alce su voz contra el racismo, la pobreza, el hambre, la violencia, la contaminación ambiental, la injusticia económica, etc. Para Wesley, sostiene MacKenna, hay una conexión inseparable entre la santidad personal y la santidad social, y el requisito para la conducción de la reforma social es la credibilidad espiritual.[119]

Mackenna se confiesa ser un cristiano conservador, pero es crítico de la idea y pretensión estadounidense del «destino manifiesto».[120] Esto en el contexto evangélico conservador estadounidense y latinoamericano fundamentalista, resulta «subversivo», tal como considera Quanstrom a la teología de Ray Dunning. En la sección sobre *Una conciencia despierta*, MacKenna elabora una apología sorprendente respecto a la santidad social. Los wesleyanos, dice, son personas cuya conciencia el Espíritu Santo ha despertado plenamente. Por tanto, son críticos del destino manifiesto y la arrogancia del «triunfalismo».[121] El movimiento de santidad obtuvo confianza para su misión, siguiendo el wesleyanismo inicial y creyendo que habían sido escogidos para proclamar la santidad bíblica y reformar la nación.[122]

---

[118] David McKenna, Wesleyanos en el siglo XXI, pp. 24-25.
[119] *Ibid.*, p. 93.
[120] *Ibid.*
[121] *Ibid.*
[122] *Ibid.*

Para McKenna, «la conciencia despierta y la compasión profunda» nos proyectan a aceptar que la santidad bíblica y la reforma social son inseparables.[123] Ofrece un análisis de la crisis moral siguiendo lo que habría hecho un teólogo del movimiento de santidad a mediados del siglo XIX, comienza preguntándose por el valor de vida hoy, para luego tocar el tema de los derechos humanos, del derecho a la vida, a la libertad y a la búsqueda del bienestar. Asumimos y demandamos, sostiene, el respeto a los Derechos Humanos en la política internacional estadounidense. Dedica atención a la falta de oportunidades para las «minorías raciales». Para McKenna, la crisis de los Derechos Humanos se manifiesta en el incremento de la violencia.[124]

En la crisis ética, analizada por McKenna, se nota el programa trascendentalista y el discurso ético del movimiento de santidad. A propósito de la consideración de la política poblacional, se cuestionan estos temas: la contaminación ambiental y la responsabilidad humana; el crecimiento desmedido en el mundo occidental y la responsabilidad en la contaminación ambiental y el agotamiento de los recursos; la responsabilidad ante la pobreza en el planeta.[125] Un tema que no puede faltar en este acercamiento desde la teología de santidad es la crítica a la sociedad de abundancia, de consumo, desde los valores de compasión y sacrificio. Confronta el «caos materialista» que opera detrás de la injusta distribución de la riqueza, y la contaminación ambiental. MacKenna también analiza la crisis de valores que amenaza la libertad, y por ello proyecta un escenario del futuro que podría incluir un régimen totalitario, que lleve al control centralizado de un César moderno.[126]

Otro tema que McKenna analiza es el que está vinculado al antinomismo y sus versiones contemporáneas, siguiendo las opiniones de otros analistas, que de manera similar ven una división en la religión estadounidense, división que de maner natural se reproduce culturalmente en los evangélicos latinoamericanos. La crisis que observa la identifica como ideológica de una «derecha religiosa»

---

123 *Ibid.*
124 *Ibid.*, 96.
125 *Ibid.*, 98.
126 *Ibid.*, 99.

conservadora, que se mueve agazapada con el rechazo al aborto, la defensa de la inerrancia bíblica y la justificación de las iglesias independientes, y una «izquierda religiosa» fortalecida en el frente defendiendo una ética feminista, abierta a una teología de la liberación y a una eclesialidad ecuménica. Asimismo, observa la amenaza de una alianza conservadora entre antiguos enemigos: los judíos, los católicos y los evangélicos, con el propósito de fortalecer el fundamentalismo bíblico, y de la Escritura como fuente de la verdad absoluta.[127]

McKenna identifica un vacío espiritual, adjunto a la crisis moral, y propone una santidad práctica, como los primeros metodistas, un nomismo contemporáneo, ante la anomia que impera en el mundo y que, según James Reston describe al mundo como una «pocilga moral». Esto parecería mostrar a un McKenna pesimista, contrario al optimismo que incentivó a los teólogos del movimiento de santidad en el siglo xix, pero fiel al paradigma teológico wesleyano[128] y su relación con la ética social. Propone una santidad práctica que implica la renovación mediante el redescubrimiento del evangelio, de un nuevo significado; una espiritualidad que incluya el compañerismo, en el que se perfeccione el amor, combatiendo el individualismo; la predicación del evangelio entre los pobres para sanar, liberar y restaurar; la búsqueda y la defensa de la justicia social, considerando la herencia del ms, de ser defensores de la justicia racial, económica y política partiendo por Norteamérica; vivir las oportunidades de riesgo para crear conciencia respecto a la justicia, como parte de nuestra ética social. Siguiendo la ética social de Carl Henry, promotor del evangelicalismo, quien realizó sus estudios doctorales en la Universidad de Boston, se adhiere a sus cuatro estrategias para la participación cristiana en la sociedad: (1) buscar la regeneración de quienes influyen en la cultura; (2) enseñar respecto a las repercusiones morales y espirituales en los problemas sociales; (3) defender las leyes que apoyen una base moral y regulen la moral; (4) tratar de derrocar el régimen injusto por medio de la desobediencia civil y, si es necesario, por la fuerza física, cuando fallen

---

[127] *Ibid.*, p. 101.

[128] *Ibid.* El cuadrilátero wesleyano para el equilibrio teológico: La revelación, la razón, la tradición y la experiencia. El triángulo metodista para la renovación espiritual: La doctrina, el espíritu y la disciplina. p. 102.

los medios democráticos, de manera que los cristianos debe decidir si deben obedecer a Dios o al ser humano.[129]

Para McKenna, la espiritualidad en el movimiento de santidad no consiste en tener una autoestima baja, sino humildad y confianza, que se impone ante la crisis moral, que no entra en pánico y no da lugar al pesimismo respecto al futuro. «Con frecuencia, la crisis se convierte en una prueba de que el mal domina y que la segunda venida de Cristo es inminente».[130] Aquí notamos la visión de McKenna respecto a la historia, que se aferra al optimismo, y que caracterizó a la teología del MS en el siglo XIX y comienzos del XX. Asimismo, notamos la relación que establece entre la escatología y la ética social cuando afirma: «a los wesleyanos no nos asusta la crisis moral… estamos listos para la venida de Cristo, pero jamás nos paraliza el pánico».[131]

Finalmente, incluimos una apreciación sobre la contribución de McKenna a la situación actual del paradigma wesleyano de santidad. Para McKenna este paradigma sobrevive y no debe cometerse el error de evitar participar en el diálogo con otras confesiones en los nuevos debates, «cuando el Espíritu de Dios se movió a través de las crecientes ciudades industriales produciendo un avivamiento espiritual, los calvinistas y wesleyanos dejaron de lado sus diferencias teológicas. Juntos defendieron su postura contra la esclavitud en la década de 1860 y se unieron para la compasión social».[132] La búsqueda de identidad en la «familia de santidad», al interior de las «denominaciones de santidad», busca poner la tradición wesleyana de la santidad en el centro de la acción y el quehacer teológico y eclesial.[133]

Otros estudios que merecen considerarse en esta sección lo constituyen, por un lado, la importante investigación realizada por el sociólogo y profesor de teología, Soraluz Emiliano Crisanto, en su estudio *Nuestra escatología: Un cielo nuevo y una tierra nueva*[134] en el que, siguiendo la mutación en los milenarismos, cuestionan el

---

[129] *Ibid.*, pp. 108-109.

[130] *Ibid.*

[131] *Ibid.*, p. 110.

[132] McKenna, *op. cit.*, p. 135.

[133] *Ibid.*

[134] S.E. Crisanto, *Nuestra escatología: Un cielo nuevo y una tierra nueva*. Chiclayo, Perú: Gerim, 2006.

premilenarismo dispensacionalista y el «apocalipticismo», abordando el asunto desde la experiencia eclesial y teológica de la tradición de santidad. Por otro lado, *¿Qué debemos creer los wesleyanos hoy?*, investigación que procura retomar la visión escatológica de John Wesley, y que estaría más de acuerdo con las exigencias de la misión y su relación con las señales del reino de Dios en la historia.

Los avances y los problemas pendientes en la investigación

Los avances en la investigación

La investigación está encontrando conexiones más profundas entre las ideas filosóficas del contexto y el surgimiento de la teología de la santificación. Estas ideas relacionadas al trascendentalismo y el abolicionismo se ubican, principalmente, alrededor de la universidad de Boston, de trasfondo metodista. Este contexto fue el que sirvió a Daniel Steele para su producción teológica.

La investigación sobre la historia de la teología, es decir, de las ideas teológicas, se ha interesado en las ideas respecto a la teología de la naturaleza, la dignidad humana, las lecturas teológicas la esclavitud, la teología de la guerra y la manera en que estas incidieron en la ética social de los cristianos y en el surgimiento de movimientos como el de Santidad, con una ética de santidad social, que resultó en el compromiso solidario con los libertos, para su educación e integración social. Asimismo, hay mayor interés en la historia de las ideas teológicas, su reproducción y supervivencia en diversos contextos como parte de la evolución del dogma.

Los estudios arrojan mayor claridad respecto a que la realidad sociopolítica interpeló las ideas en la ética teológica, generando un movimiento y avivamiento de santidad, en oposición a otros sectores, cuya lectura sobre la naturaleza y dignidad del ser humano los conducía a justificar la esclavitud. Este tema ha sido considerado tabú en los estudios del siglo xx entre los académicos del movimiento de santidad.

Los estudios para lograr entender lo *evangelical* en Norteamérica y su incidencia en Latinoamérica confirman cada vez más que hubo una ruptura con la ortodoxia que se heredó de la Reforma. Se trata de una mutación que ha abandonado la relación entre la justificación y la santificación para relacionar la santificación con el Espíritu Santo, aduciendo que estamos en la era del Espíritu. Esta mutación incidió en el cambio de la visión de la historia y, por consiguiente, en el desarrollo del milenarismo, especialmente el premilenarismo dispensacionalista, de considerable influencia en la visión de la historia en las iglesias latinoamericanas de corte fundamentalista, pues esta interpretación de la historia requiere del literalismo bíblico.

Los problemas pendientes

No ha habido suficiente investigación en torno a la teología de la santificación como antecedente de la teología de la pentecostalidad, que evolucionó hasta constituirse en la teología del movimiento pentecostal y que está fuertemente relacionada a las rupturas y mutaciones en el movimiento y avivamiento de santidad. La evolución de la teología del pentecostalismo ha atravesado por dos distanciamientos de la ortodoxia, cuyos motivos merecen investigarse. Por un lado, el alejamiento de la doctrina wesleyana de la fuente de la santidad y, por otro lado, el distanciamiento de la escatología posmilenaria de su vínculo con el dispensacionalismo. El pentecostalismo comparte esta mutación con las iglesias de santidad y no es posible que el tema se estudie de manera aislada.

Hay la necesidad de evaluar el aporte de la teología histórica al enfoque interdisciplinario del estudio del pentecostalismo. Mayormente, se aborda la historia de la teología en relación con el desarrollo del dogma hasta la escolástica protestante, pero no se tiene en cuenta el desarrollo de la teología en las teologías emergentes contemporáneas.

La teología sistemática latinoamericana requiere una mayor profundización de su investigación respecto a la teología histórica latinoamericana, la que se gestó como teología de la misión o para la misión, y que cedió a la mutación en el encuentro con las culturas del continente. Después del VIII Encuentro de CEHILA en 1980, sobre la historia de la teología latinoamericana, cuyas ponencias fueron editadas por Pablo Richard, no hemos tenido un acercamiento que tome en cuenta las teologías emergentes de las iglesias nuevas. Algunas de esas teologías han experimentado mutaciones o estancamientos en relación con la teología de sus orígenes, a la que denominamos «herencia»[135] o «tradición» teológica.

---

[135] Nota del editor: Nos encontramos una vez más con otro vocablo de origen religioso anglosajón, *heritage*, que ha pasado al español evangélico como un cognado falso. Si bien, el lector evangélico hispano entiende más o menos lo que se quiere decir con «herencia», como por ejemplo, en «herencia nazarena», no así el lector que no es evangélico. Porque para este el término significa lo que todos entendemos de primera mano, es decir, «conjunto de bienes y obligaciones que, al morir alguien, son transmisibles a sus herederos o a sus legatarios» (DRAE). Según los diccionarios etimológicos de la lengua inglesa, el término religioso protestante *heritage*, hace su aparición en la década de 1620 (OED), coincidiendo con el surgimiento de la escolástica protestante, lo cual nos lleva a sospechar que es uno de tanto términos *sui generis* del protestantismo.

Reflexiones finales

El avance en la sistematización
de la teología del movimiento

La teología de la santificación, como sistema teológico que enfatiza la experiencia santificadora, requirió incorporar la ética como elemento orientador de la consecuencia de esa experiencia. Dentro de este sistema, la escatología posmilenarista vino a servir como un marco referencial lo suficientemente amplio para inducir la proyección de la ética individual al terreno de la ética social. Sin embargo, la teología de la santificación se vio afectada por la subjetividad, y aunque conservó el elemento ético, fue privilegiando la virtud del carisma en desmedro de la virtud de la ética del reino y la pérdida de la utopía, como el proyecto inédito de Dios. El posmilenarismo sostenía un proyecto y una misión arraigada en la historia.

Es evidente la consecuencia del cambio conceptual respecto a la fuente de la santificación. El alejamiento de la concepción wesleyana y reformada respecto a la santificación como un estado vinculado estrechamente a la justificación, produjo una crisis temprana del sistema teológico de la santificación y la encaminó a la heterodoxia.

La reconceptualización de la santificación como plenitud espiritual a partir del bautismo del Espíritu Santo, abrió las puertas para que ingresara la escatología premilenarista y su cuestionamiento respecto al énfasis del mejoramiento moral del individuo y de la sociedad, que era el paradigma implícito del concepto wesleyano de la santificación.

El teólogo Daniel Steele, cuando el movimiento de santidad fue adhiriéndose al premilenarismo histórico, conservó junto a otros, como Aarón M. Hills, el posmilenarismo, buscando una fusión con el premilenarismo pneumático como sustento del estilo de vida de santidad. La complementación más trascendente que le hizo al *Compendio de teología* fue su sustento exegético, su visión de la historia de la redención y la correlación, implícita y concisa, de su teología y ética con las ideas pertinentes de su entorno académico.

La escatología premilenarista que aparece en la traducción y ediciones en español a partir del predominio premilenarista, constituye un injerto que procura mantener vigente y de una manera contradictoria, entre otros aspectos del sistema teológico de la santificación, la propuesta ética del *Compendio*, pero sin la complementación escatológica posmilenarista, ni los remanentes reformados. Como consecuencia de ello se produce una ruptura con las ideas que desde esta teología proyectaban un quehacer misionero que asumía el cambio social como corolario de la santidad.

La instalación del premilenarismo y su pesimismo respecto al avance del bien, adjunto al bautismo del Espíritu Santo, desarticuló la fuerza transformadora de un estilo de vida de santidad individual y social que debió haberse trasmitido a la pentecostalización, especialmente en Latinoamérica. Algunas iglesias de santidad han ido perdiendo vigencia, no tanto por la radicalización de la experiencia de la santificación, como por el abandono de la interrelación entre ética individual y social como señal de su herencia escatológica posmilenarista. No obstante, la historia del avivamiento y misión que generó tuvo su inicio a partir de las iglesias latinoamericanas de santidad a comienzos del siglo xx. Este fenómeno nos muestra la inmersión social que las misiones de santidad experimentaron, con clara santidad de ética social, y que explica la sobrevivencia simbiótica de una visión escatológica posmilenaria, junto a una motivación misionera premilenarista.

El debate sobre la entera santificación o el perfeccionismo no evolucionó lo suficientemente, pero fue el tema de mayor consideración en el emergente quehacer teológico en las iglesias de la santificación. La ortodoxia se ha regulado por la aceptación o rechazo de esta doctrina y el testimonio de su experiencia. Las iglesias de santidad latinoamericanas, en su fase anti y ultramundana entre las décadas de 1930-1970, viven un ostracismo teológico y ético, legitimándose por su estilo de vida y sentido de misión. La revisión de la historia de su teología y escatopraxis representa el fortalecimiento de una teología emergente que ha experimentado mutaciones y se enfrenta al desafío de la recuperación de su herencia teológica.

Bibliografía

Libros y artículos de Daniel Steele

Binney, Amos y Daniel Steele

1846 *The Theological Compend: Containing a System of Divinity*, New York: G Lane & C.B. Tippe, for the Methodist Episcopal Church, at the Conference Office.

1856 *The Theological Compend: Containing a System of Divinity*. Cincinnati: Worsted and Poe.

1875 *Binney's Theological Compend Improved*. New York: Nelson and Phillips; Cincinnati: Hitchcock and Walden.

1877 *Compendio de teología*. Conteniendo una síntesis de las evidencias, las doctrinas, la moral y las instituciones del cristianismo. Trad. Cornelio A. Miller. México: Imprenta Metodista Episcopal.

1902 *Binney´s Theological Compend Improved*. New York/Nashville: Abigdon/Cokesbury Press.

1909 *Compendio de teología*. Corregido y Aumentado. Conteniendo una síntesis de las evidencias, las doctrinas, la moral y las instituciones del cristianismo. México: Imprenta Metodista Episcopal.

1933 *Compendio de teología*, Chihuahua: Imprenta Metodista Palmore.

1935 *¿Qué dice la Biblia? o Compendio de teología*. Trad. Frank y Lula Ferguson. Buenos Aires: Frank y Lula Ferguson.

1946 *Compendio de teología o ¿Qué dice la Biblia?* Trad. Frank y Lula Ferguson. Buenos Aires: Iglesia del Nazareno.

1962 *Comentario popular*, que incluye anotaciones breves sobre el Nuevo Testamento. Tomo I, Trad. Sergio Franco: Tomo II, Trad. Ismael Amaya. Kansas City: C.N.P. (Primera edición, 1872).

s/f *Compendio de teología o ¿Qué dice la Biblia?* Kansas, MO: Beacon Hill Press.

1984 *Compendio de teología o ¿Qué dice la Biblia?* 2ª impresión. Kansas City, MO: Casa Nazarena de Publicaciones.

Steele, Daniel

1874   «The Three Dispensations» (Apéndice). En Edward Davies, *The Gift of the Holy Ghost: The Believer's Privilege*. Mas. Reading.

1876   *Love Enthroned, Essays on Evangelical Perfection*. New York: Nelson and Phillips, Cincinnati: Hitchcock & Walden.

1878   *Mile-Stone Papers, Doctrinal, Ethical and Experimental on Christian Progress*. London: S.W. Portridge & Co.

1892   *Half Hours with St. Paul*. Boston: Mc Donald and Gill.

1896   *A Defense of Christian Perfection*. New York: Hunt and Eaton.

1899   *A Substitute for Holiness or Antinomianism Revived; or The Theology of the so-called Plymouth Brethren Examined and Refuted*. 2ª. ed. con índice y apéndice por C. Munger. Boston-Chicago: The Christian Witness.

1911   «Why I am not a Premillennialist», en The Methodist Review, Vol. 93 (Mayo): 405-415.

1912   *Steele's Answers*. Chicago: Christian Witness.

1917   *The Gospel of the Comforter*. Chicago: Christian Witness Co.

s/f   *Growth in Holiness Toward Perfection or Progressive Sanctification*. New York: Hunt and Eaton.

1951   Escritos citados en *Holiness in doctrine and experience. A source book of quotable material. Testimonies, experiences, definitions, illustrations.* Kansas City: Beacon Hill Press. pp. 15, 95, 105, 159.

1960   Hints for Holy Living, 2ª. ed. selección de *Mile-Stone Papers*, realizada por S.S. White. Kansas City, Missouri.

1962   The Holy Spirit and the Church, selección de materiales de *The Gospel of the Comforter*, realizada por Ross E. Price. Kansas City: Beacon Hill Press.

Bibliografía general

Alvarez, Carmelo E.

1985   *Santidad y compromiso: el riesgo de vivir el evangelio*. México: Casa Unida de Publicaciones.

Ball H. C. (ed.)

1921   *Himnos de gloria*, 1ª ed. San Antonio, Texas: H.C. Ball.

Banks, Juan S.

1988   *Manual de doctrina cristiana*, Barcelona: CLIE.

Bastian, Jean-Pierre

1989   *Los disidentes: sociedades protestantes y revolución en México, 1872-1911*. México: Fondo de Cultura Económica.

1994   *Protestantismo y modernidad latinoamericana: historia de unas minorías religiosas activas en América Latina*. México: Fondo de Cultura Económica.

1997   *La mutación religiosa en América Latina: para una sociología del cambio social en la modernidad periférica*. México: FCE.

Berdiáyev, Nicolás

1939   *El cristianismo y la lucha de clases*, Buenos Aires-México: Espasa-Calpe.

1955   *Reino del Espíritu y reino del César*, Madrid: Aguilar.

1987   «Introducción Familiar al universo Personal» en Emanuel Mounier, *El personalismo*, Cuadernos N° 64, en Buenos Aires: EUDEBA, p. 11.

Berkhof, Hendrikus

1969   *La doctrina del Espíritu Santo*. Buenos Aires: La Aurora.

Berkhof, Luis

1962   *Sumario de doctrina cristiana*. s/l: TELL.

Braaten, Carl E.

1977   *Escatología y ética*. Buenos Aires: La Aurora.

Breneman, Mervin

1979   «Apuntes sobre la continuidad y/o discontinuidad entre el reino de Dios y la historia». En *Plan de formación de discípulos*. Lima: Asociación de Grupos Universitarios del Perú. Programa de Capacitación. Serie AIII. Mayo. Mimeografiado.

Bruno, Daniel A.

1982   *Eistopía: Dios e historia en el pensamiento de Joaquín de Fiore*. Buenos Aires: ISEDET.

1995   «El teorema de la historia. La Historia- Esperanza de Joaquín de Fiore después de Fukuyama» en Cuadernos de Teología, vol. XIV, n° 1. Buenos Aires: ISEDET, pp. 25-46.

Bryant, Eunice

1982   *La teología en acción: la teología de Juan Wesley*. Tesis inédita Nazarene Theological Seminary, Massachussetts.

Bull, Malcom, (ed.)

1998   *La teoría del apocalipsis y los fines del mundo*. México: FCE.

Bundy, David

1995   «The Historiography of the Wesleyan/Holiness tradition», en Wesleyan Theological Journal, N° 30, pp. 55-77.

Burga, Manuel

1990   «La emergencia de lo andino como utopía» (Siglo XVII) en Revista Allpanchis, 35/36, Vol II, Cuzco, pp. 579-598.

Callen, Barry L. & Richard O. Thompson

2004   *Reading the Bible in Wesleyan Ways: Some constructive proposals*. Kansas City, Missouri: Beacon Hill Press.

Campos, Bernardo

1997   *De la reforma protestante a la pentecostalidad de la iglesia: debate sobre el pentecostalismo en América Latina.* Quito: CLAI.

2002   *Experiencia del Espíritu: claves para una interpretación del pentecostalismo.* Quito: CLAI.

Cañeque, Carlos

1988   *Dios en América: una aproximación al conservadurismo político-religioso en los Estados Unidos.* Barcelona: Península.

Castro, Emilio

1962   *Evangelio y estilo de vida.* Buenos Aires: Consulta Latinoamericana de la Iglesia Metodista.

Chaij, Chaij

1989   «Lacunza, Manuel de (1731-1801)» en Wilton Nelson, *Diccionario de historia de la iglesia*, Miami, Fl.: Caribe, p. 644.

Clouse, Robert, (ed.)

1991   *¿Que es el milenio?: cuatro enfoques para una respuesta.* El Paso Texas: Casa Bautista de Publicaciones.

Condorcet, Marqués de, Marie-Jean-Antoine-Nicolas de Caritat

1997   *Bosquejo de un cuadro histórico de los progresos del espíritu humano: y otros textos.* Prólogo de Alain Pons. México: Fondo de Cultura Económica.

Comblin, José

1986   *Tiempo de acción: ensayo sobre el Espíritu y la historia.* Lima: CEP.

Couch, Mal, (ed.)

1999   *Diccionario de teología premilenarista.* Grand Rapids: Portavoz.

Cox, George

s/f   *El concepto de la perfección cristiana en Wesley.* Kansas City: C.N.P.

Crisanto T., S.E.

2006   *Nuestra escatología: un cielo y una tierra nueva.* Chiclayo, Perú: Gerim.

Cullman, Oscar

1967   *La historia de la salvación.* Barcelona: Península.

Curti, Merle

1956   *El desarrollo del pensamiento norteamericano.* Buenos Aires: Antonio Zamora-Claridad.

Chaix-Ruy, Jules

1965   *Berdiaeff.* Buenos Aires: Columba.

Darby, J.N.

1964   *The Collected Writings*, Doctrina N° 1, Vol. 3, editado por William Kelly. Kingston-Thames: Stow Hill Bible and Tract Depot.

Dayton, Donald

    1976   *Discovering an Evangelical Heritage*. Peabody, Massachusetts: Hendrickson Publishers.

    1981   «Whither Evangelicalism». En Theodore Runyan (ed.) *Santificación y liberación*. Nashville Tennessee: Aviñón.

    1991   *Raíces teológicas del pentecostalismo*. Buenos Aires: Nueva Creación.

Debouzy, Marianne

    1974   *El capitalismo salvaje en los Estados Unidos. (1860–1900)*. Buenos Aires: Ediciones de la Flor.

Degler, Carl N.

    1986   *Historia de los Estados Unidos: el desarrollo de una nación (1860-1985)*. Barcelona: Ariel.

Deiros, Pablo y Carlos Mraida

    1994   *Latinoamérica en llamas*. Miami FL.: Caribe.

Deiros, Pablo

    1991   «Protestant Fundamentalism in Latin America» En Martín E. Marty and R. Scott Appleby (eds), *Fundamentalisms Observed*. Chicago: The University of Chicago Press, pp. 142-195.

Delfgaauw, Bernard

    1968   *La historia como progreso*, 3 Tomos. Buenos Aires: Carlos Lohlé.

Dreher, Luis H.

    s/f   «La persistencia de la religión: Schleiermacher y nosotros», en Guillermo Hansen (ed.), *Schleiermacher: Reseñas desde América Latina*. Buenos Aires: Instituto Universitario ISEDET, pp. 126-138.

Duque, José (ed.)

    1983   *La tradición protestante en la teología latinoamericana: lectura de la tradición metodista*. San José, Costa Rica: DEI.

Elmore, Floyd

    1999   «Darby, John Nelson», en Mal Couch (ed.), *Diccionario de teología premilenarista*. Grand Rapids, Michigan: Portavoz, pp. 122-126.

Farré, Luis

    1969   *Filosofía de la religión*. Buenos Aires: Losada.

Fernández, Oswaldo

    1984   *El trasfondo de las misiones en el norte peruano*, Lima: Seminario Evangélico de Lima, Departamento de Misiología, Tesis de Licenciatura.

Flew, R. Newton

    1934   *The Idea of Perfection in Christian Theology. An Historical Study of the Christian Ideal for the Present Life*. London: Humphrey Milford. Oxford University Press.

Fletcher, John

1836   *The Works of John Fletcher.* New York: Mason and Lane.

Flores Galindo, Alberto

1987   *Buscando un Inca: identidad y utopía en los Andes.* Lima: Instituto de Apoyo Agrario.

Flores, Manuel V.

1989   «México», en Wilton M. Nelson, (ed.) *Diccionario de historia de la iglesia*, Miami, Fl.: Caribe, pp. 724–126.

Fuhrman, Eldon R.

1995   «Antinomismo» en R. Taylor (ed.), *Diccionario teológico Beacon*, Kansas City: Casa Nazarena de Publicaciones.

Garcia Morente, Manuel

1977   *Lecciones preliminares de filosofía.* Buenos Aires: Losada.

Gaarder, Jostein

1994   *El mundo de Sofía.* Madrid: Ciruela.

Galindo, F.

1993   El «fenómeno de las sectas» fundamentalistas. *La conquista evangélica de América Latina.* 2ª. ed. Estela, Navarra: Verbo Divino.

Geiger, Kenneth (ed.)

1962   *Insights Into Holiness: Discussions of Holiness by Fifteen Leading Scholars of the Wesleyan Persuasion.* Kansas City: Beacon Hill.

Gibellini, Rosino

1998   *La teología del siglo x.* Santander: Sal Terrae.

Góngora, Mario

1969   Prefacio a la edición en *Manuel Lacunza, La venida del Mesías en gloria y majestad.* Chile: Universitaria.

Goslin, Tomás

1956   *Los evangélicos en la América Latina: siglo xix - los comienzos.* Buenos Aires: La Aurora.

Gould, Stephen Jay

1998   *Milenio: guía racionalista para una cuenta atrás arbitraria pero precisa.* Barcelona: Crítica.

Greathouse, William M. y Paul M. Bassett

1994   *Explorando la santidad cristiana.* Tomo 2. Los Fundamentos Históricos. Kansas City: Casa Nazarena de Publicaciones.

1997   *Love Made Perfect. Foundations for the Holy Life.* Kansas City: Beacon Hill Press.

1998   *Wholeness In Christ: Toward a Biblical Theology of Holiness.* Kansas City: Beacon Hill Press.

Greathouse, William M.

1994   «Desde Wesley hasta el Movimiento de Santidad Americano», en Paul M. Bassett y William M. Greathouse, *Explorando la santidad cristiana*, Tomo 2. Kansas City: Casa Nazarena de Publicaciones, pp. 209-328.

Grider, J. Kenneth

1991   *Entera santificación: la doctrina distintiva del wesleyanismo*. Kansas City, MO.: Casa Nazarena de Publicaciones.

Hills, Aaron Merritt

s/f   *Santidad y poder para la iglesia y el ministerio*. Kansas City: Casa Nazarena de Publicaciones. Edición condensada por Besie de Guillermo.

Hoekema, Antonio

1984   *La Biblia y el futuro*. Grand Rapids: Subcomisión de Literatura Cristiana.

Hofstadter, Richard

1969   *Anti-intelectualismo en la vida norteamericana*. Madrid: Tecnos.

Iglesia De Los Peregrinos

1946   *Manual de la Iglesia de los Peregrinos*. Sin lugar de ed. Editado por el comité editor. Revisado por la Conferencia General.

Ingersol, Stan

1998   *Ministering to Body as Well as Spirit: The Transformation of Nazarene Social Ministry*, 1925-1970. Theological Symposium 4th Quadrennial Compassionate Ministries Conference. October 29.

Iribarne, Julia Valentina

1981   *La libertad en Kant: alcances éticos y connotaciones*. Buenos Aires: Carlos Lohlé.

Jackson, Samuel Macauley (ed)

1960   «Steele, Daniel», en *New Schaff-Herzog Encyclopedia of Religious Knowledge*. Vol. XI, Michigan: Baker Book House.

Kostlevy, William

2003   *The Dispensationalist: Embarrassing Relatives of Prophets Without Honor: Reflexions On Mark Noll's The Scandal of the Evangelical Mind*, en Michael Mattei (ed), Wesley center for Applied Theology. Nampa: Northwest Nazarene University. En *http://wesley.nnu.edu/wesleyan_theology//theojrnl/31-35/32-110c.htm*

Kant, Immanuel

1975   *Crítica de la razón práctica*. Madrid: Espasa Calpe.

1986   *¿Qué es el iluminismo?* En Revista de la facultad de Filosofía y letras de la UBA, Espacios de Crítica. Números 4-5- Dic, pp. 40-47.

Kirk, J. Andrés

s/f   *La interpretación bíblica de C.I. Schofield: algunas anotaciones.* Mimeo. s/l, 4 pp.

Klimov, Alexis, Nicolas Berdiáyev

1979   *Introducción a su vida y obra.* Buenos Aires: Carlos Lohlé.

Knight, John A.

1973   *The Holiness Pilgrimage: Reflections on the Life of Holiness.* Kansas City: Beacon Hill Press.

Krominga, D.H.

1945   *The Millennium in the Church.* Grand Rapids: Eerdmans.

Kyupers, K. (ed.)

1974   *Breve enciclopedia de filosofía y psicología.* Bs. As.-México: Carlos Lohlé.

Lacunza, Manuel

1969   *La venida del Mesías en gloria y majestad.* Santiago: Universitaria.

Lafaye, Jacques

1997, *Mesías, cruzadas, utopía: el judeocristianismo en las sociedades iberoamericanas.* México: FCE.

Leadingham, Everett (ed.)

2001   *El fin ¿cómo enfrentamos el fin del tiempo y el principio de la eternidad?* Kansas City, Missouri: Casa Nazarena de Publicaciones.

Lindsey, Hall

1967   *La agonía del gran planeta tierra.* El Paso: Mundo Hispano.

Lopez, Darío

2000   *Pentecostalismo y transformación social.* Buenos Aires: Ediciones Kairós.

2002   *El nuevo rostro del pentecostalismo latinoamericano.* Lima: Ediciones Puma.

Marty, Martín E.

1958   *The New Shape of American Religion.* New York: Harper & Brothers.

1987   *Peregrinos en su propia tierra: quinientos años de religión en América.* Bilbao: Desclée de Brouwer.

Marty, Martín E. y R. Scoot Appleby (eds)

1991   *Fundamentalism Observed.* Chicago: The University of Chicago Press.

Marsden, George M.

1980   *Fundamentalism and American Culture: The Shaping of Twentieth-Century Evangelicalism, 1870-1925.* New York: Oxford University Press.

Marsh, Elmer G.

1951 *He aquí que viene: el milenio o simple abecedario de la venida de nuestro Señor Jesucristo.* Buenos Aires: Beacon Hill Press / Departamento de Publicaciones Hispanas/Iglesia del Nazareno.

Martín, David

1990 *Tongues of Fire. The Explosion of Protestantism in Latin América.* Oxford: Basil Blackwell.

Marzal, Manuel M. (ed.)

1991 *El rostro indio de Dios.* Lima: Pontificia Universidad católica del Perú.

McClurkan, James O.

1951 *Santificados por completo: en qué consiste y cómo puede obtenerse la experiencia* (2ª. ed.). Buenos Aires: Iglesia Evangélica del Nazareno.

McDonald, W.

1899 «Introduction», En Daniel Steele, *A Substitute for Holiness or Antinomianism Revived.* Boston-Chicago: The Christian Witness.

McGee, Gary B.

1994 «El fondo histórico», en Stanley M. Horton (ed.), *Teología sistemática: una perspectiva pentecostal.* Miami, Florida: Vida, pp. 1-37.

McKenna, David L.

2000 *Wesleyanos en el siglo XXI: la proclamación del mensaje de santidad con pasión y propósito.* Kansas City: Casa Nazarena de Publicaciones.

Menand, Louis

2003 *El club de los metafísicos: historia de las ideas en América.* Buenos Aires: Destino.

Menéndez y Pelayo, Marcelino

1945 *Historia de los heterodoxos españoles.* Tomos I-IV Buenos Aires: Perlado.

Miguez Bonino, José

1973 «Visión del cambio social y sus tareas desde las iglesias cristianas no católicas». En *Fe cristiana y cambio social en América Latina.* Salamanca: Sígueme, pp. 179- 202.

1975 «El Reino de Dios y la Historia» en C. René Padilla (ed.), *El reino de Dios y América Latina,* El Paso Texas: C.B.P., pp. 75-95

1981 «Santification and Liberation. Liberation Theologies in Light of the Wesleyan Tradition». En Theodore Runyan (ed), *Wesley's Doctrine of Sanctification from a Liberationist Perspective.* Nashville: Abigdon, pp. 43-63.

1987 «Historia y Misión» En Richard Pablo (ed.) *Raíces de la teología latinoamericana: nuevos materiales para la historia de la teología.* San José, Costa Rica: DEI-CEHILA.

1993 «Contexto Religioso en América Latina (Perspectiva Protestante)» En *Democracia en crisis y el nuevo orden mundial: desafío de las iglesias de América Latina y el Caribe*. Quito: Consejo Latinoamericano de Iglesias de América Latina, pp. 51-59.

1995 *Rostros del protestantismo latinoamericano*, Buenos Aires: Nueva Creación.

Miller, William Charles (ed.)

1986 *Holiness Works: A Bibliography*, Missouri: Nazarene Publishing House.

Moltman, Jürgen

1979 *El futuro de la creación*, Salamanca: Sígueme.

1998 *El Espíritu de vida: una pneumatología integral*. Salamanca: Sígueme.

Mounier, Emmanuel

1987 *El personalismo*, Buenos Aires: EUDEBA

Munger, Charles

1899 «Christ's Comings». En Daniel Steele, *A Substitute for Holiness*. Apéndice. 2ª. ed. Boston / Chicago: The Christian Witness, pp. 271-347.

Murray, George L.

1953, *La segunda venida: una búsqueda de la verdad*. Estudios acerca del milenio. México: Cupsa-La Aurora.

Nelson, Wilton M.

1980 «En busca de un protestantismo latinoamericano», en CLAI, Oaxtepec 78. Unidad y Misión en América Latina San José, Costa Rica: CLAI, pp. 31-43.

1989 *Diccionario de historia de la iglesia*. Florida: Caribe.

Noll, Mark A.

1994 *The Scandal of the Evangelical Mind*, Grand Rapids, Michigan/ Cambridge, UK: Eerdmans.

2005 *The Evangelical Mind Today*, en First Things, October 2005.

2006 *The Civil War as a theological crisis*. Chape Hill. North Carolina: University Press.

Obieta, Adolfo de

1992 *Tiempo de profecías. II El Apocalipsis*. Buenos Aires: El corregidor.

Packer, James I.

1998 *Teología concisa: una guía a las creencias del cristianismo histórico*. Miami, Fl.: UNILIT.

Padilla, C. René, (ed.)

1975 *El reino de Dios y América Latina*. El Paso, Texas: Casa Bautista de Publicaciones.

Parra, Fredy

2003   *Historia y escatología en Manuel Lacunza. La temporalidad a través del milenarismo lacunziano*, en Teología y Vida, Año XLIV N° 2-3, II y III Trimestre. Facultad de Teología. Universidad Católica de Chile, pp. 167-183.

Petersen, Douglas

1998   *No con ejército ni con fuerza*, Florida: Vida.

Pierard, Richard V.

1970   *The Unequal Yoke. Evangelical Christianity and Political Conservatism.* Philadelphia / New York: J.B. Lippincott Company.

Porras, Aristómeno Porras, seudónimo de Luis D. Salem

1991, «Versiones Castellanas de la Biblia» en J.D. Douglas (ed.), *Nuevo diccionario bíblico*, Buenos Aires: Certeza, pp. 1403-1407.

Prosperi, De Adriano

2003   *América y Apocalipsis*, en Teología y Vida, Año XLIV N° 2-3, II y III Trimestre. Facultad de Teología. Universidad Católica de Chile, pp. 196-208.

Purkiser, W.T. (ed.)

1979   *Explorando nuestra fe.* Kansas City: Casa Nazarena de Publicaciones.

Quanstrom, Mark R.

2004   *A Century of Holiness Theology: The Doctrine of Entire Sanctification in the Church of the Nazarene, 1905 to 2004.* Kansas City, Missouri: Beacon Hill Press.

Richard, Pablo, (ed.)

s/f   *Materiales para una historia de la teología en América Latina.* VIII Encuentro Latinoamericano de CEHILA, Lima (1980). San José Costa Rica: DEI.

Rauschenbusch, Walter

1918   *The Social Principles of Jesus.* New York: Association Press.

Ricart, Domingo (ed.)

1951   *Antología espiritual.* Wallingford, Pennsylvania: Pendle Hill.

Richardson, Alan

1966   *La Biblia en la edad de la ciencia.* Buenos Aires: Paidos.

Ridderbos, Herman

1985   *La venida del reino*, Vol I. Buenos Aires: La Aurora.

1988   *La venida del reino*, Vol II. Buenos Aires: La Aurora.

Rundell, Merton R.

1957   *The Mission of the Pilgrim Holiness Church in Peru.* Tesis para la Maestría en Artes. Indianapolis: Butler University.

Sangster, W.E.

   1944   *The Path to Perfection: An examination and restatement of Wesley's doctrine of Christian perfection*. New York-Cokesbury: Abingdon-Cokesbury Press.

Saranyana, Josep Ignasi

   2003   *Sobre el milenarismo de Joaquín de Fiore. Una lectura retrospectiva,* en Teología y Vida, Año XLIV N° 2-3, II y III Trimestre. Facultad de Teología. Universidad Católica de Chile, pp. 221-232.

Schlesinger, Arthur M.

   1964   *Rumbos de la historia norteamericana*. Buenos Aires: Hobbs - Sudamericana.

Schwartz, Hillel

   1986   «Millenarianism» en M. Eliade (ed.) *The Encyclopedia of Religion*. New York: Mc Millan

Seeberg, Reinhold

   1967   *Manual de historia de las doctrinas*. 2ª. ed. Tomos I y II. Trad. José Míguez Bonino. El Paso, Texas: Casa Bautista de Publicaciones.

Sheldon, Charles

   s/f   *En sus pasos o ¿qué haría Jesús?* 3ª. ed. Buenos Aires: La Aurora.

Simpson, Alberto B.

   1952   *El evangelio cuádruple*. Trd. S. M. Alfaro, Temuco, Chile: Editorial Alianza.

   1979   *El evangelio cuádruple*. Trd. Dorothy Bucher. Introducción de Federico H. Senft. Harrisburg, PA.

   s/f   *El evangelio de la sanidad: Instrucción sencilla y bíblica sobre el asunto de la sanidad divina*. Temuco, Chile: Imprenta Alianza.

Smalley, Stephen S.

   1989   «Treinta y Nueve Artículos» en Wilton M. Nelson, *Diccionario de historia de la iglesia*, Miami, Fl., Caribe, p. 1023.

Smith, Hanna Whitall

   1951   *El secreto de la vida cristiana feliz*. Kansas City: Beacon Hill Press, Iglesia del Nazareno Buenos Aires.

Smith, Timothy L.

   1957   *Revivalism and Social Reform in Mid-Nineteenth Century America*. Nashville: Abingdon Press.

   1962   *Called Unto Holiness: The Story of the Nazarenes: The Formative Years*. Kansas City: Nazarene Publishing House.

   1979   *Nazarenes and the Wesleyan Mission; Can we learn from our history?* Kansas City: Mo. Beacon Hill Press.

1981   «Holiness and Radicalism in Nineteenth-Century America» En Theodore Runyon (ed.) *Santification and Liberation*, Nashville, TN. Abingdon Press, pp. 116-141.

s/f   *La historia de los nazarenos: Los años formativos*. Trd. Honorato Reza. Kansas City: Casa Nazarena de Publicaciones.

Sorman, Guy

1983   *La revolución conservadora*. Buenos Aires: Atlántida.

Souza de Matos, Alderi

1966   «Edward Irving: Precursor do movimiento carismático na Igreja Reformada». En *Fides Reformata* 2/1, pp. 5-21.

Stam, Juan

1999   *Escatología bíblica y la misión de la iglesia: hasta el fin del tiempo y los fines de la tierra*. Colombia-Guatemala: Clara-Semilla.

Strickland, William J. y H. Ray Dunning

1998   *J.O. McClurkan: His life, His Theology, and Selections From His Writings*. Nashville, Tennessee: Treveca Press.

Tillich, Paul

1967   *Pensamiento cristiano y cultura en Occidente: Segunda parte, de la Ilustración a nuestros días*, Buenos Aires.

Van Den Berg, J. H.

1963   *Psicología y fe: una crónica y un punto de vista*. Buenos Aires: Carlos Lohlé.

Villafañe, Eldin, E.

1996   *El Espíritu liberador: Hacia una ética social pentecostal hispanoamericana*. Buenos Aires: Nueva Creación.

Wesley, John

1990   *La perfección cristiana*. Kansas City: C.N.P.

1892   *Sermones*, Tomo I. Kansas City, Beacon Hill Press. 1ª. ed. Trd. de Primitivo A. Rodríguez.

1998   *Obras*. Tomo XIII. *Cartas*, Tomo I. Justo González (ed.). Franklin, Tennessee: Providence House Publishers.

Wheeler, Henry

1908   *History and Exposition of the Twenty-five Articles of Religion of the Methodist Episcopal Church*. Cincinnati: Jennings & Graham.

Wiley, H. Orton

1969   *Christian Theology*. Vol. 1-3, 13ª. ed. Kansas City, Mo.: Beacon Hill Press, (Primera edición 1940).

Wiley, H. Orton y Paul Culbertson

1948   *Introducción a la teología cristiana*. Kansas City: Beacon Hill Press.

Williams, Colin W.

    1989   *La teología de Juan Wesley: una interpretación histórica.* San José, Costa Rica: SEBILA.

Williams, George H.

    1983   *La reforma radical,* México: Fondo de Cultura Económica.